療癒你的內在小孩

心理醫師陪你跟自己和解的成長課

施琪嘉——著

目錄

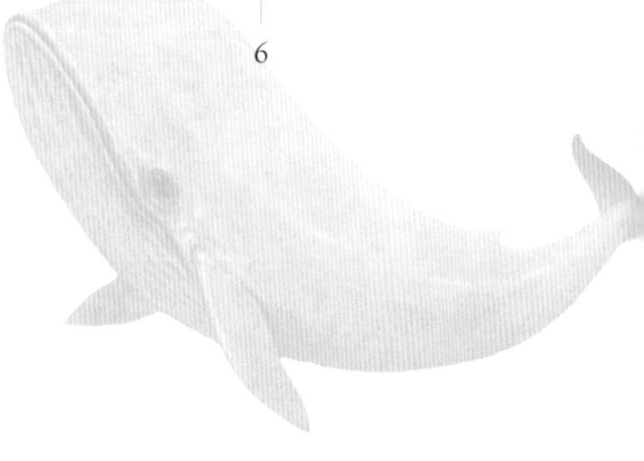

PART THREE
接納：面對自己，你需要給自己一個擁抱

PART SIX

整合：用現在的自己安慰過去的自己，才最有力量

自序

擁抱內在小孩，就是擁抱最真實的自己

你好，我叫施琪嘉，是具有醫療背景的心理治療師、大學教授。我受過神經科學和神經內科的訓練，做過神經科醫生，也當過精神科醫生。後來因為對心理學感興趣，所以轉向心理治療和精神醫學。

後來的十幾年，我的工作主要集中在精神分析以及重度人格障礙的治療。根據多年對人格障礙病人進行治療的經驗，我發現很多人的「消極自我」來自童年，我們稱這種「消極自我」為「有創傷的內在小孩」。內在小孩是每個人內心中的孩子。我們每個人內心中都有一個「孩子」的狀態，這個內在的孩子不會隨著我們的年齡增長而消失。他會永遠像個孩子躲藏在我們內心的角落。

內在小孩的各種形象

如果你的運氣夠好，你的父母能善待你，那麼在你成長的過程中，這個內在小孩就會健康快樂地活著。可是，如果你很不幸地生長在一個環境特別惡劣、得不到父母善待和珍惜的家庭裡，那麼你的內在小孩就會變成一個有創傷的內在小孩。

當你在工作、學習、生活時，這個有創傷的內在小孩隨時都會跳出來，哭泣、懇求，干擾當下的你。可以說，一個人一生所受的種種困擾大都源自於幼年創傷留下的陰影——他總是帶著一個有創傷的內在小孩生活著。

這個內在小孩會以各種形象出現，例如自卑的、哭泣的、無助的、無力的、絕望的，或是對這個世界充滿不信任、懷疑、缺乏安全感，對別人懷著厭惡和憎恨等等。

譬如，一個很漂亮的女孩，但她從來都不覺得自己漂亮，這就是因為她的內在小孩總被父母否定而受了傷。她的父母從來不認為他們的孩子是漂亮的，從來不認為他們的孩子是有才能的，從來不認為他們的孩子是應該存在的、是有意義的。

因為有了她，她的母親受到婆婆的虐待；因為有了她，她的母親無法和父親離婚；所以，她的母親十分討厭她，當然也就對她沒有好臉色。

這個女孩也從來不認為自己是有才華的、值得享受幸福的孩子。在她長大後變得楚楚動人時，在她學業成績很好時，在要去追求未來生活時，她的選擇在外人看來總是特別配不上她。

有很多優秀的男性去追求她時，她都覺得自己配不上他們，並且會產生疑問：「他們怎麼會看上我？他們怎麼會說我漂亮？他們怎麼會說我對人很好？他們怎麼會說我很有才能？」她從來不相信自己，所以在人群中總是唯唯諾諾、小心翼翼，而且總是自我貶低。

她找的男朋友以及後來結婚的對象都不是什麼好男人。也就是說，她把自己的日子過得很苦、很慘，而且幾乎是找虐。和她在一起的男人很快就能感覺到她需要被貶低，進而在相處中變成「渣男」。

在治療過程中，我們會和她討論內在這個有創傷的內在小孩：一個不自信的、不漂亮的、不值得被人愛的內在小孩。

當然，這個有創傷的內在小孩要發展成一個自信的、健康的、陽光的、能夠自我認同的內在小孩是需要很長的時間。因為這個有創傷的內在小孩一直躲在她的內心深處，她已經習慣了這個內在小孩的存在，甚至分不清哪些感受和意願是自己的，哪些是來自這個內在小孩的。

重新理解《灰姑娘》

一個很典型的代表就是童話故事裡的灰姑娘。《灰姑娘》這個故事大家都已經耳熟能詳了，它講述一個叫仙杜瑞拉（Cinderella）的小女孩，在很小的時候母親就去世了，父親娶了繼母。這個繼母和她帶來的兩個女兒都對仙杜瑞拉很不好，把她當作佣人，讓她在廚房裡幹活，還只給她穿破舊的衣服。日夜勞累和破舊的衣服掩蓋了仙杜瑞拉的美麗，因此大家都叫她「灰姑娘」。

有一天，城裡來了一位王子，要舉行盛大的舞會。灰姑娘的繼母帶著她的兩個親生女兒去參加舞會，希望其中一個能被王子看中。她們不許灰姑娘參加舞會，而且還譏笑說她這種人只配待在家裡做雜務。

後來，出現會魔法的小精靈將南瓜變成豪華馬車，把灰姑娘裝扮成美麗的公主，還送給她華麗的衣服和水晶鞋，讓她穿著參加舞會。王子一眼就看上了她，一首接一首地邀請她跳舞。

但是小精靈的魔法是有時間限制的，時間一到，靠魔法變幻的東西就會變回原形，她必須趕在那個時間之前回到家。舞會結束後，她不能接受王子的挽留而匆匆離開。在慌亂中她掉落了一隻水晶鞋。

王子帶著這隻水晶鞋在全城裡尋找她，看誰能穿上這隻鞋。王子最終找到了灰姑娘。結局就是大家所熟悉的：「王子和公主從此過上了幸福的生活。」

這個故事中，灰姑娘的內在小孩就是一個失去母親的、被貶低的、缺少父愛的、灰頭土臉的自我形象。水晶鞋代表著契機，讓她從灰姑娘轉變成深得王子歡心的優雅公主。

在用「內在小孩」理論解決個人困擾時，尋找「王子」和「施展魔法」的人固然重要，除此之外還要尋找一隻「水晶鞋」，一隻你穿上最合腳的「水晶鞋」。

有了這個契機、一個引爆點，你就可以變得更加自信。所以，我們要問王子在哪裡？我們會施展魔法的小精靈在哪裡？我們的水晶鞋在哪裡？就心理治療的角度而言，在探索且療癒那些內在小孩有創傷的病人時，所需要的技術與治療的過程，就是找尋這些問題解答的過程。

為自己啟程：開始尋找內在小孩

如果你的生命所擁有的天賦、資源、精神能量、自信是一個寶庫，那麼你的內在小孩就是這個寶庫的看門人。如果他鬧脾氣不肯放行，你就無法調度這些資源和能量去實現自己的目標。

在本書中，我們要介紹如何發現自己的內在小孩，如何看見自己內在小孩的創傷，如何療癒自己的內在小孩，如何讓自己的內在小孩從一個深受創傷的內在小孩變成一個健康的內在小孩。

我希望和大家一起踏上尋找自我、尋找自己內在小孩的旅程。在本書中，我會陪你一起找到你的內在小孩，讓你以成年人的身分，走回童年，幫助有創傷的內在小孩，並把他變成健康的、快樂的內在小孩。

PART ONE

看見：
與我的內在小孩對話

篇·章·重·點

何謂內在小孩？

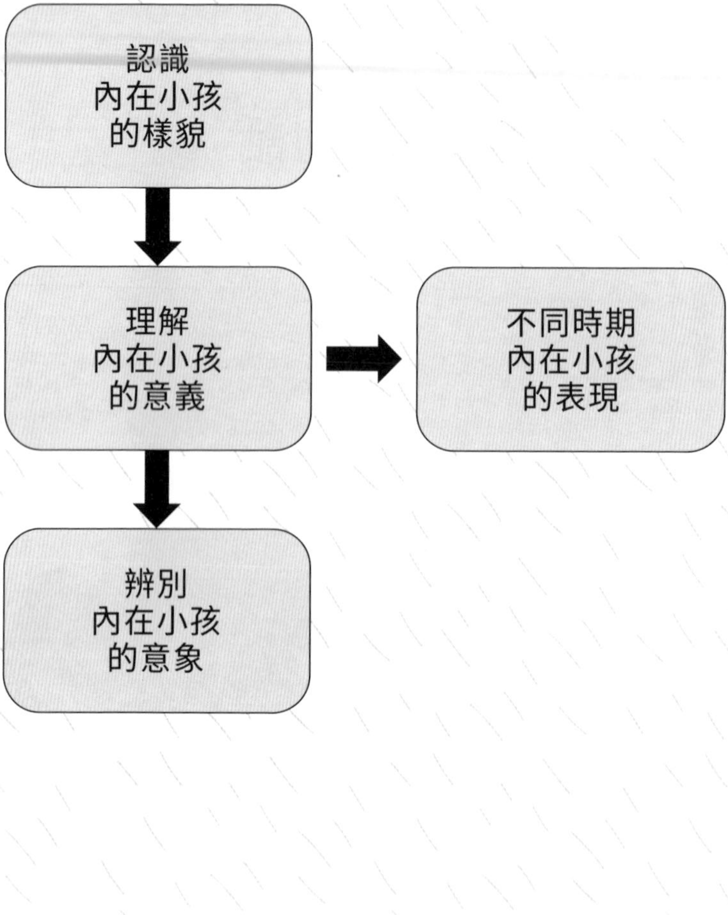

第01堂

認識：內在小孩的樣貌

我們在提及內在小孩時，首先強調的是「內在」，其次強調的是「小孩」。也就是說，既然他是一個孩子，他的想法就還是屬於「孩子」般的想法。

內在小孩的概念為何？對於我們具有什麼意義呢？

強調內在小孩，是因為他雖然不容易被發覺，但卻對一個人的生命狀態有著決定性作用。兒童精神分析研究的先驅，英國精神分析師梅蘭妮．克萊恩（Melanie Klein，對於兒童精神分析以及客體關係理論有卓越的貢獻）把「精神分析學之父」佛洛伊

德（Sigmund Freud）有關兒童的研究範圍從三歲以後提前到一歲以前。

有很多人好奇，克萊恩如何知道孩子是怎麼思考的？關於這一點，一個很重要的研究路徑其實是對自己孩子的觀察。克萊恩也不例外，她的結論也是基於對自己孩子的觀察。

但是，嬰兒不會講話。所以，克萊恩在理論上最大的發現是，孩子內心想像出來的母親和真正現實中的母親是不一樣的。孩子具體是怎麼想的姑且不論，克萊恩提出的這個觀點是非常大的突破。

克萊恩的研究貢獻：孩子內心現實與客觀現實的不同

孩子在出生時，就開始逐漸形成對外界的印象。這種最初形成的外界印象和現實中的世界往往並不一致。由此可知，內在小孩的一個特徵：內在小孩的想法與現實中的人和事是不太一樣的。

所以，我們在提及內在小孩時，首先強調的是「內在」，其次強調的是「小孩」。也就是說，既然他是一個孩子，他的想法就還是屬於「孩子」般的想法。

佛洛伊德提出的一個很重要的觀點：出生創傷，曾得到廣泛認同。他的學生奧托．蘭克（Otto Rank）延伸概念出版了《出生創傷》（The Trauma of Birth）一書。他認為，**孩子從胎兒到嬰兒出生，這個過程是非常痛苦的**。

我們可以想像，當孩子泡在母親肚裡的羊水時，他既不需要呼吸，也不需要吃東西，所有的營養供給都來自胎盤和臍帶輸送的血液。所以他在媽媽肚子裡時處於一種悠哉的狀態。可是，在經過分娩脫離產道來到人世間時，孩子就感受到了巨大的威脅，因為他必須張開嘴巴呼吸。

早些年，我曾在德國出車禍，因為傷勢嚴重，必須借助呼吸器。在醒過來之後，有一次呼吸器突然暫停了一下，當時神智處於清醒狀態下的我，感覺肺部被完全抽空了，肺裡好像完全沒有空氣。那一刻，我體驗到了極大的恐懼。所以，我估計，當胎兒分娩至嬰兒誕生的過程，孩子的感受應該是雷同的。

嬰兒來到世界上的瞬間，便要大聲啼哭。為什麼孩子要大聲啼哭？因為他不會呼吸。只有在大聲啼哭的過程中，氧氣才能進入肺部。

再如，得了肺炎的人，因為很不舒服就只能坐起來呼吸。但是，無論他怎麼呼吸，氧氣都進不去，或者氧氣進入量很少。

嬰兒剛從子宮出來時，因為之前一直泡在羊水裡，從來沒有呼吸過，所有肺泡可能都是壓縮的。肺就像一個氣球一樣，要被充氣；橫膈膜也像一個降落傘一樣，要被撐起來。嬰兒需要通過第一次呼吸把肺液全部沖出來，讓氧氣進去。

如果你無法回憶起這種感覺，那麼我可以負責任地告訴你，**這種感覺不僅是一種新奇，還會是一種恐懼。**

就像我們對失重的體驗，當你乘坐的飛機突然下墜時，或者你有足夠的勇氣嘗試高空彈跳；你感覺到的不僅是刺激，還可能有恐懼，因為你不熟悉這種體驗。

對嬰兒來說，他第一次張嘴呼吸時，雖然吸入氧氣能讓自己活下來，但是那種感覺是非常驚恐的，他的感覺其實是「我活不下來了」。同樣的，嬰兒想吃東西時，肚子很餓，但是他並不知道這是饑餓的感覺，他的感覺是胃如刀割。

所以，和學習呼吸時的遭遇類似，嬰兒在吃第一口母乳時，胃被撐開的感覺也不是特別舒服，而且是劇烈痙攣，因為他的胃沒有接受過外來食物的刺激。就像平時不吃辣椒的人，如果突然吃辣椒，絕對不會像很多經常吃辣椒的人一樣特別享受，而是被辣得很難受。

人性本惡：他也可能只是一個極度驚恐的孩子。

因此，嬰兒來到世界上的第一感覺應該是不信任、不安全，彷佛自己可能活不下來，特別驚恐。也就是說，嬰兒的內在世界不會是特別安靜的、溫順的或對周圍的環境特別友好的。

從這個意義上來說，**主張性惡論中所講的「惡」，可能並不意味著他是一個壞孩子，他也可能只是一個極度驚恐的孩子。**

我同意這一觀點，是因為嬰兒面對最大的問題就是「生存」。他的驚恐和焦慮，我們稱之為「存在的焦慮」，即「我能不能活下來」，也可以說「姑且不論周圍的環境對我是否友好，問題是我能否活下來，我能否信任周圍的環境」。

人們會把嬰兒的第一聲啼哭描述得無比美好，想像著每個人都帶著熱淚來到世界上，擁抱這個世界。其實並不是。

嬰兒最初的感受未必那麼安全，那麼幸福，那麼滿懷期待。應該說，**每一個剛出生的嬰兒內心體驗都像是從平靜的生命之湖突然被拋進驚濤駭浪的大海——驚恐、無助、不知所措。他的啼哭表達的更多是對新世界的抗拒，是想回到原來那個**

平靜、安全、富足的宮殿裡的希望。

在很多心理或精神上患有疾病的成年人，他們的夢境中，常常會有很多想退回到母親子宮的意象，譬如看到海洋，或者通過一個黑暗的、狹窄的通道，這些都暗示著他想退回到生命最初的狀態。因為在生命最初待在母體裡時，他太安全了，他根本不需要為生存付出努力。

現在很多成人，看到外面世界的紛雜，充滿競爭，就只願意宅在家裡，整天打遊戲，盯著螢幕，躺在床上，由爸媽把飯端進房裡……這些宅男宅女就像退縮回母親子宮中、漂浮在羊水中的胎兒一樣，不需要任何外界的刺激，也受不了外界的刺激。

處於這種狀態，其實是因為他們的內在小孩沒能消除對世界的恐懼，沒有找到適應世界的方式，沒有培養出操控自己生活的力量，所以他們選擇了逃避。

我們如何讓內在小孩變得平靜，讓內在小孩能接受自己的現實呢？我們先看看現實中的嬰兒是如何被撫養長大的。

嬰兒最本真的狀態

現實中，我們會先把初生嬰兒的嘴巴、耳朵、鼻子裡的黏液全部清洗乾淨，讓他能正常地呼吸；用柔軟暖和的襁褓緊緊包住他，在他哭泣時抱抱他，給他餵奶……慢慢地，他就會接受這個環境。

在接受環境的過程中，他也開始熟悉環境、適應環境，然後漸漸安靜下來。這時我們就看到了嬰兒最本真的狀態。

老子有一句話，「專氣致柔，能嬰兒乎」。這句話描述的是嬰兒熟睡時所表現出來的那種柔順如意的自在狀態，其實這句話也描述了一個人本真的狀態。我們可以這樣理解這句話，成年人都在培養自己專注的能力、感受世界充滿溫暖感覺的能力、對人性的期待變得特別柔順的能力，可在這些方面，有誰能比得上一個嬰兒？任何成年人在專注、純真、單純等方面，可能都比不過一個嬰兒。

當然，老子的描述和上文提及的內在小孩不是同一個狀態。老子這句話所描述的內在小孩是已經適應了環境，對周圍世界已經完全信任，變成一個特別安靜、恬然和讓人喜歡的嬰兒。

第02堂

理解：內在小孩的意義

當這個孩子的心理和身體發展處在無損狀態時，他的大腦細胞聯結越來越多時，他對這個世界的看法就會逐漸具有現實性。在孩子很小的時候，儘量無條件地滿足孩子，這並不是溺愛。我們滿足的正是內在小孩提出的種種要求。

在上一堂課中我們提到，內在小孩原初的狀態並不總是對世界感到信任，感到安全，從而對外界表現出友好的。原因可能在於，在他的感受中，這個世界對他也不全然都是友好的。

但實際上，就像克萊恩指出的，一個孩子內心的想像和現實未必是一致的，他們看到的人和現實是有很大的差距。瞭解這一點非常重要，這可以幫助我們理解幼兒、兒童，有時甚至是成年人。

精神等價狀態：這個世界就應該如我所願

一個人如果認為自己的內心期望和現實沒有差距，這種狀態被我們稱之為「精神等價」。精神等價指的是「我認為現實就應該是這樣的」、「我認為這個世界都是我的」、「我認為這個世界都欠我的」、「我認為別人都是壞人」等等。許多精神疾病病患者都具有這樣的認知狀態。

這也會出現在幼兒身上。他們跟爸爸媽媽說：「我要那個東西」，那爸爸媽媽就要給他，否則他就會大哭大鬧。但是，有些人的看法就是不能太溺愛孩子、不能寵愛孩子，這類觀點就是不去滿足孩子原初的要求。

當孩子說「要」時，如果你不去滿足他，他的內心和外界就會出現差異。這個差異就是「這個世界不如我願」。

但這是存在危險和矛盾的。孩子特別小時，並不能理解現實和自己想法的不一致。他們會想「現實和我的想法怎麼會不一致呢？」也就是說，在這一點上，需要大人去理解孩子的心理，其實是「我是這麼想的，這個世界就應該如我所願」。

因此，當孩子很小的時候，父母竭力滿足孩子並不一定是溺愛，而是迎合孩子當時的心理狀態。因為無法理解現實，他只能在他的內在世界中生活。

內在小孩的發展：特別糟糕 Vs. 特別安靜

如果一個孩子，他的內在世界是所有事都如他所願的、安靜的、寧靜的，那麼他的大腦就會發育的越來越健康，他就會無損地發展其他的功能結構。

當這個孩子的心理和身體發展處在無損狀態時，他的大腦細胞聯結越來越多時，他對這個世界的看法就會逐漸具有現實性。在孩子很小的時候，儘量無條件地滿足孩子，這並不是溺愛。我們滿足的正是內在小孩提出的種種要求。

在他還沒有能力適應現實時，我們應該給他提供一塊能夠生長起來的土壤。在

他慢慢長大後，他就會具有現實檢驗的能力，就能區分內在和外在。

而往往，我們大人總是以大人的標準去要求特別小的孩子。我們會要求孩子：要孔融讓梨，要孝順父母……在這些要求下，孩子感覺不到現實對他多麼友好，因此他會逐漸退到自己的內心中，在內心形成一個虛構的狀態。這正是孩子要求得不到滿足的危險之處。

有時如果外在的環境特別惡劣，這個孩子就會逐漸在內心營造一個理想的世界，變得「不要跟現實接觸」。他們就是不願意成長，不願意適應社會，逐漸停留在自己想像的世界裡。

這個想像的世界當然是一個烏托邦、一個理想國。在這個世界裡，他想要什麼就有什麼。這個世界中的父母可能比現實中的父母更加完美。有很多孩子相信「我的父母不是我親生的父母」、「我的親生父母把我遺留在這裡」，甚至還有的孩子會想像「我是外星人，是外星人把我放在地球的」。

譬如，一個生活特別貧窮、困苦的孩子，他就可能質問爸爸：「我是不是你親生的？我的親生父母是不是把我留在這個地方，他們有一天會來接我？」他就會在內心世界逐漸產生和現實差距越來越大的想像。

這種最初的要求沒有得到滿足的小孩，其內在小孩可能會朝兩種截然不同的方向發展。

第一種是他發展出「特別糟糕」的內在小孩。正如上文提到的，剛出生的嬰兒可能覺得這個世界不友好，情緒也就變得特別容易激動（意指：不適當反應過度的一種精神病理狀態，包括煩惱、急躁或憤怒），成天哭泣、生病、出疹子，把自己抓得到處是傷痕……這樣的小孩就令人覺得麻煩，特別黏人，特別不可愛。

第二種是他發展出「特別安靜」的內在小孩，不鬧不吵，特別乖。特別安靜的內在小孩，他會越來越多地退回自我世界，越來越少地接觸外界，也不願意跟人有眼神接觸。他雖然特別乖，但是不願意做對外的探索，也因此變得特別孤僻。

這兩種發展方向都是比較危險的。這樣發展起來的內在小孩很可能是不健康、不穩定的，甚至可能發展為病態的、有創傷的內在小孩。

如果孩子堅信他不是父母親生的，而是來自另外的家庭，或者是來自外星球，那麼以後很可能導致兒童精神病。

最原始的體驗：我是上帝的體驗

如何讓內在小孩健康地成長呢？那就要給他足夠的信任、接納以及愛。但是這一點，常常被理解為溺愛孩子。

在傳統的育兒習俗中，有一個現象叫作裹粽子。裹粽子就是把孩子包裹起來，像粽子一樣捆起來。在孩子小時候就要讓他待在一個受約束的環境中，以後他就會知道要懂規矩，不會隨意哭鬧。

這個孩子不是躺在被子裡，而是被捆在被子裡，他被捆得緊緊的，像部隊裡整理好的行李裝備，被放在小搖籃的正中間。但我們現在會覺得這個做法很奇怪；當然，孩子在大部分時間裡都是在睡覺、飲食。這麼安靜的孩子，大家都覺得很放心。在這種情況下，孩子哭鬧是沒有用。可是，這個孩子有機會活動，有機會伸展自己嗎？沒有。這是一個特別特殊的傳統文化現象，現在已經慢慢在調整了。

其實，孩子在很小的時候，特別需要被無條件地滿足；女性精神分析師瑪格麗特・馬勒（Margaret S. Mahler，影響現代兒童發展心理學、動力心理學、變態心理學等甚鉅）

認為，孩子在出生後的三個月內，仍然處於胎兒的狀態，所以父母應該給他提供如母親子宮般的環境，也就是無條件的滿足；他哭鬧時，就要有人陪、把他抱起來哄；他要吃東西時，也要馬上有人餵；他排便後，也要有人馬上清洗乾淨。

於是，孩子在內在世界中，就會形成一種印象：我就是這個世界的主宰、我就是「上帝」，我一開口、一哭，馬上就有人來哄我；我要吃東西，一張嘴，馬上就有乳汁可以填飽；我一尿尿，馬上就有人來給我清洗。

你可以看到，**在照顧嬰兒時，父母如果能完全及時滿足嬰兒的需要，就會讓嬰兒得到全能的體驗，也就是「上帝的體驗」**。

嬰兒無法理解，為什麼睜開眼睛，我的世界就完全不一樣了？為什麼一閉上眼睛，這個世界就沒有了？他並不會用「看見」這個詞。嬰兒能夠達到的理解就是「我眼睛一睜開就全然出現了一個世界，這個世界是我創造出來的」。

所以，早期的內在小孩就是一個「上帝」。他在出生後，所有的感受和待遇都是如「上帝」般的，要什麼有什麼。在這種狀態下，如果不滿足他，他就可能無法存活。**最早期的內在小孩，以為能讓我們活下來的，就是一個「上帝」般的存在。**在這一時期，母親很辛苦，但孩子確實只有得到了「上帝」般的感受才能夠活下來。

因此，從某種意義上講，我們的內在可能還保持著最原初的體驗，一個「上帝的體驗」。這種體驗來自我們所處的狀態，而這種狀態則來自人類與眾不同的出生方式。

某些哺乳動物出生後，幾分鐘之內就必須站起來，甚至必須學會奔跑，否則它就無法在殘酷的現實中存活。小動物出生的時候，是附近的猛獸最開心的時候，因為它們可以輕易吃掉剛出生的小動物。

剛出生的小動物完全沒有抵抗力，牠們的母親剛生產完，也要休息。這時，小動物就需要自己把命保住。所以，在非洲大草原上，雌性動物生產小動物的過程是非常危險的。

而對於人類來說，這個過程更加危險。因為人類的出生是「早出生」，也被叫作「不成熟的出生」。初生的嬰兒無法像小動物，剛出生幾分鐘內就能站起來，就能奔跑，就能自己逃命。人類幼兒必須經過一年多的時間才能慢慢學會走路，學會奔跑，才能慢慢理解這個世界。

在這個時期，他完全處於一個手無縛雞之力的狀態、一種非常脆弱和危險的狀態，非常需要照顧。因此，他自己就必須具備「上帝」的感受，只有這樣，他才能獲得足夠的重視，才能生存下去。一個狀態特別糟糕的人，在他的內心世界，必須讓自己變得特別重要、光芒四射、具有「神力」，不然他就難以生存。

內在小孩原初的狀態就是如同「上帝」般的存在。

第03堂

辨別：「上帝」與「惡魔」的內在小孩

孩子生命早期形成奇奇怪怪的不良體驗就這樣停留在他的身體裡。當大腦還沒有辨別分析能力時，這些不良體驗便在他的內心營造出各種各樣的意象，形成了內在小孩的思維邏輯。

我們介紹了內在小孩形成的過程與條件，以及內在小孩不是天生就分為好或壞的，也不能僅用好或壞來形容內在小孩。他可能既是「上帝之眼」，也是「惡魔之手」。本節我們來介紹如何辨別自己的內在小孩。

一個孩子內在的好和壞取決於他的感受。由於他的大腦還不具備對事物的辨別能力和對資訊的整合能力，所以不管外界如何，在他的內心，「能夠活下來」就是王道。

不良體驗形成內在小孩早期的各種思維想像

很多好萊塢的賣座電影，賺得盆滿缽滿，很大一部分的內容是「怪力亂神」；從超人到綠巨人、蝙蝠俠、金剛狼以及一些經典的童話，例如「灰姑娘」的故事，都成了電影的素材。

這些電影的原型，我認為就來自嬰兒出生以後對這個世界的認識和想像。有些人的記憶開始的比較早，能記住生命早期的經歷，譬如，有的人能夠記住三歲以前的事，甚至能夠記得自己出生的過程。

一般來說，我們對三歲以前的事是沒有記憶的，大多數人的記憶是從五歲以後才開始的。當然，對出生過程的記憶，可以被稱為記憶，也可能是想像。

但是，臨床的經驗已經表明，有些人雖然說不清楚自己的記憶，但是他依然能以其他的方式呈現出特別早期的創傷。

譬如，一個孩子在四個月大時，媽媽就給她強行斷奶。她在自己生孩子時，就會對孩子在四個月大時需要斷奶這件事特別敏感。她會感到很矛盾。一方面，她很想找個理由給自己的孩子斷奶，而另一方面，她又覺得自己這樣做不是好媽媽。

我在臨床中就見過一位年輕媽媽。她生了個兒子，在孩子四個月大時，給孩子斷奶，但是她也不知道為什麼要這樣。然後，到孩子六個月時，又重新給孩子喝母乳，到孩子八個月時，又再一次給孩子斷奶。雖然她的奶水很充足，但是她心裡覺得給孩子餵奶到四個月大時就是一個坎。

我進一步追問她小時候的事，她回憶起小時候喝媽媽的母乳到四個月大時，媽媽懷上了她的弟弟，從此就不再給她餵奶了。因為有過這樣的經歷，她對給兒子餵奶的敵意其實來自她對自己弟弟的敵意，這種記憶是在特別早時就停留在身體裡。

孩子生命早期形成奇奇怪怪的不良體驗就這樣停留在他的身體裡。當大腦還沒有辨別分析能力時，這些不良體驗便在他的內心營造出各種各樣的意象，形成了內在小孩的思維邏輯。

「上帝」意象的內在小孩

內在小孩有哪些類型？

第一個類型是「上帝」意象。「上帝」意象的內在小孩就是一個小王子、小公主，或者他就是一個會飛的小神童；顯示出自己能藐視一切、貶低一切，周圍的人全都是他的僕人。

英國的精神分析師溫尼考特（D. W. Winnicott，主要關注母親與嬰兒關係的研究，被譽為客體關係的代言人）創造出一個名詞——父母是「被無情使用的工具」。父母在孩子很小時，要允許自己被他們「無情地使用」，被當作「工具」使用；他發明這個詞是非常有意義的。首先，父母是工具不是人。其次，既然你是工具，孩子怎麼用你是孩子的事情。所以，他用了「無情地使用」這個詞。

當然，很多父母接受不了這句話，因為有些父母主張在孩子很小時，要教他守規矩，要教他懂禮貌，要讓他孝順。

但是，這些都是大人的思維。在孩子很小時，把這麼重的擔子交給他，他其實無法理解，譬如，通過教訓他時的語氣、鄙視的眼光等等。他可能感覺到更多的是大人不喜歡他。

孩子當然希望得到愛，而且這個愛是無條件的，所以溫尼考特用了「無情地使用」這一詞語。但是，他後來又用了一個詞來說明這一點，這個詞叫作「物化」。

孩子在剛出生時或特別小時，沒有認知能力，辨認不出父親、母親。他的目的只在於他要活下來，所以他會利用一切力量讓自己活下來，因此他對周圍的環境只有一個「物化」的概念。

物化，就是把人看作一個物體。大人要迎合孩子的這種所謂的「上帝」意象，不要把自己當作人，也不要把自己當作孩子的父母。僅這一點很多父母就難以做到。

舉一個生活中的例子，孩子看到火，想知道被火烤是什麼感覺，自己又不敢嘗試，他就會把爸媽的手指拉向爐灶。好的父母不會因此生氣，因為對孩子來說這只是一個好奇心驅使的行為。孩子如果看到父母很誇張的表現，比如說燙、吹自己的手，孩子就知道，火是危險的。

但是，很多爸媽在這個實驗中會覺得，孩子怎麼這麼小就是個壞孩子，怎麼這麼小就會用火烤自己的父母——他們對孩子的行為無限上綱；但是，孩子只不過是把父母當作工具，為自己所用，去探索世界、去接觸環境而已。

也就是說，孩子作為「上帝」，他當然不認為周圍的東西是不能為他所用的，他不認為使用周圍的物品是有代價的，他當然會無條件地使用周圍的一些人或事物。所以，溫尼考特用了「無情地使用」這個很極端的詞。

如果你在孩子早期能允許自己被孩子當作工具無情地使用，孩子長大以後，當你年老時，他就會對你充滿感情。

如果在孩子很小時，不是孩子把父母當作工具使用，而是父母把孩子當作工具使用，把孩子物質化——「你如果成績好，我就給你買東西」，那麼這會形成是孩子在「上帝」階段的「上帝情結」，孩子的強烈情感就會完全取決於物化的東西。成績好，我就跟你情感好；成績不好就會把你打入十八層地獄。他們感知到的父母就會是這樣的。

這種孩子長大以後對父母會比較平淡、比較冷漠，甚至比較殘酷。這其實就是內在小孩其中的一個特點——「上帝」的意像。

但是，很多人會覺得難道不應該是父母是孩子的「上帝」嗎，憑什麼孩子是「上帝」？父母如果圍著孩子轉，會覺得自己受到了侮辱，會想自己不能把孩子當作「上帝」，應該對孩子有所要求，不能溺愛孩子、不能寵愛孩子。實際上這是誤解。

孩子在很小時，他的內外世界是不分的，他的內心是有「上帝情結」的，「上帝」的這種感受是內在小孩的重要特點。他具有全能感，他能藐視周圍的一切，擁有一個以自我為中心的意象。

孩子在很小時，如果呈現出這種意象，可能會讓父母覺得反感。父母經常形容這些孩子，「我們的孩子比較自私」、「我們這孩子怎麼不懂得孝順」、「這個孩子真是一個煩人的孩子，讓他的爸媽很累」。這些形容反過來反映出孩子內心中可能有很多委屈。

「惡魔」意象的內在小孩

如果不是「上帝」一般存在的孩子，他可能就是另外一個類型：「惡魔」的意象。譬如，一個經常生病的孩子或經常哭鬧的孩子，經常把爸媽糾纏得睡不著覺的孩子，他就有可能有一個「惡魔」般的內在孩子。

但是，內在小孩會在這兩種類型之間轉換。

一方面，你能感受到孩子的內心裡有某種天使般的東西。如果把他照顧得很好，那麼他睡覺時會帶著甜蜜的笑容，也很少生病，很願意跟人接觸。那麼這個孩子的內在小孩——「上帝」的意象就形成了。

另一方面，如果這個孩子經常哭鬧，經常生病，為難父母，孩子的內心裡可能就有一個「惡魔」在肆意搗亂。這樣的孩子就難以睡覺、吃飯，他對人的態度也是矛盾的，一方面他需要人擁抱、照顧，另一方面他可能會推開、踢打、嘶咬照顧他的人。

在照顧孩子時，爸媽們經常會看到孩子的兩面性。

這個「惡魔」的內在小孩很可能會一直躲藏在人的內心裡。我們在接觸大人時，經常遇到這種情況：一個溫文爾雅的人，一旦發起瘋來會變成一個我們簡直不認識的人，這就是他的「惡魔」的內在小孩出現的時候。

所以，對於特別小的孩子，在培養他的內在小孩時，我們要對此有所理解和選擇。你是想培養一個天使、「上帝」般的內在小孩，還是想培養一個「惡魔」般的內在小孩？

提問 請問施老師，孩子在多小的時候，家長可以無條件滿足他們的要求呢？這個有沒有年齡界限，或者有哪些標誌性的行為？如果成年了，內在小孩還是「上帝」的感受，會怎樣呢？

榮格（Carl Gustav Jung）曾經對人的成長階段做了劃分：零至十五歲是母親階段，十五至三十五歲是父親階段，三十五歲以後就是自行化解。母親階段主要是指你的孩子的生理發育從第一性徵到第二性徵，他的發育還是不成熟的，所以他需要母親般的照顧和陪伴，這個時間比較長。

我們現在看到有些人在孩子國高中時就把小孩送出國，實際上這個年齡的孩子正處於非常敏感的青春期。從嬰兒到幼兒到兒童，然後到青春早期、青春期，這是一個極其敏感的階段。這個階段是孩子形成世界觀、進行生理發育的時期，而這兩個方面的發展往往並不平衡。換句話說，在孩子的內心中，他的內在小孩和他的身體成長實際上是不一致的。又可能某一方面在不同的時期起了主導作用。

我們可以說內在小孩永遠存在。即使你只是早年讓他有了創傷，這個有創傷的

內在小孩也永遠存在，所以我們要小心翼翼地孵化和照顧內在小孩。

榮格的成長階段劃分可以提醒我們，做父母的從孩子出生一直到孩子青春期結束，都應該悉心照顧這個孩子，小心翼翼地呵護他的內在小孩。其實這個孩子沒有特別要求，他只有一個要求，就是愛。所以，我覺得如果你給予孩子足夠的愛，在愛的前提之下，很多事他都是可以接受和接納的。

那麼有人就擔心孩子會不會恃驕，也就是說對孩子的需求無條件滿足，會不會讓孩子變得要求特別高。也有人會問，這是不是溺愛孩子？如果一個孩子得到了適度的愛，這份愛讓他覺得很舒服，對他來說是有界限的，是包容的，那麼這個孩子以後就不會無止盡地索取。相反，對父母無止盡索取的孩子，實際上他的內心並沒有得到滿足。

那會有什麼標誌性的行為呢？舉例來說，一個五歲的男孩看到媽媽給妹妹喝母乳，他要求摸媽媽的乳房。媽媽就很糾結，兒子已經五歲了，我餵奶是餵一歲以內的孩子。我就問這個媽媽，孩子摸你的乳房，你是什麼想法呢？她說，她就是覺得有點不舒服，覺得孩子大了不應該這個樣子。

可是從內在小孩的角度來講，他可能是在嫉妒，因為他已經忘記了媽媽的乳房給他的感覺。可是看到媽媽餵妹妹的時候，他又回憶起了那種感覺。我問媽媽：「如果你把這個五歲的孩子當成一歲的孩子，你會怎麼做？」這個母親就嘗試給五歲的孩子喝奶。

可是這個孩子被允許喝奶後，他就開始進一步要求，提出條件，「妹妹的玩具我也要」、「你抱妹妹上廁所，你也要抱我上廁所」；媽媽就有點後悔聽了我的話。可是媽媽抱他去廁所，抱一半有點抱不動了，然後孩子突然就說「你把我放下來，我自己上廁所」。

這一刻媽媽覺得她前面的讓步、包容是完全值得的。當孩子得到了母親的愛，他就達到了和年齡相符的心智，但是在和妹妹競爭母愛失利的時候，他的心智就退化到了嬰兒狀態。當媽媽把他當作一歲的孩子來包容、照顧和疼愛的時候，這個孩子突然一下又恢復了五歲的心智，因為他知道他並沒有失去媽媽的愛。

有一些依戀性行為的表現，如一個早已不再尿床的孩子，又開始尿床了；一個可以走路的孩子，要媽媽來抱；一個不喝奶的孩子，要摸媽媽的乳房；一個吃飯吃得好好的孩子開始吐飯、不吃飯，這些行為我們都叫作依戀性行為，這些行為表示著這個孩子又重新退回到嬰兒階段。

如果成年以後這個孩子還要求有「上帝」的感受，有幾種可能性。

第一種可能性就是他的內心特別自卑。早年的經歷讓他覺得沒有人幫助自己，那「我就自己幫助自己吧！」。所以凡是處於「上帝」狀態的人，是從周圍的環境中得不到支持，這是一個因果相關的關係。因為早年沒有得到足夠的愛，所以他只好把自己變成「上帝」，「上帝」不僅能夠愛自己，還能夠去控制別人，這是一個因果關係。

第二種可能性就是他有自戀性人格，使大家不願意跟他相處，所以他的人際關係越來越差。對於自戀的人，佛洛伊德認為是沒辦法治療的，因為自戀的人不跟別人建立關係。不過後來研究自戀理論的科胡特（Heinz Kohut）提出，如果你讓一個人處在自我理想化的狀態下，雖然他還是擁有一個「上帝」般的內在小孩，但他在內心中還是與他人有關係的，不是與他人完全隔絕的。所以，他也可以發展關係。

不過你跟自戀的人在一起，或跟具有「上帝」感受需求的人在一起都會很難受，因為他不把你當作正常人，而把你當作他的臣民，當作螞蟻，當成蟲子。所以治療師在治療自戀型的人時的確會比較困難。

第04堂

分類：不同時期內在小孩的表現

> 對於內在小孩而言，孩子的內在感受和他的身體發育是需要相對應的——我的身體發育到什麼階段，我的感受就該是什麼階段。

不同時刻的內在小孩的表現有什麼不同，以及不同階段的內在小孩的表現是否不一樣？回答這些問題需要把內在小孩分為不同的階段和不同的表現。

我們知道，內在小孩會有不一樣的表現。最早期的內在小孩，在剛出生的前一個月就形成了。

如果按照瑪格麗特・馬勒（Margaret S. Mahler）的分類，**一個月內自閉期，二**

至六個月為共生期，六至十個月為孵化期，十至十六個月為練習期，十六個月至二歲為和解期，二歲至三歲為客體恆定期。

這樣的分類，與孩子的心理組織結構變化有關係。正如上文所述，人類的孩子在出生時是不成熟的。

零至一個月自閉期：上帝般的感受

所以，零至一個月的孩子需要「上帝」般的感受。一方面，他要讓自己強大、變成「上帝」，無所不能，而另一方面，他又無比脆弱。

這個階段的內在小孩，可以被認為是一個「上帝」般的孩子。如果在一個家庭裡，孩子被當作太陽來養育，他就會有太陽的感覺，也就是眾星拱月的感覺。

由於這個階段他又特別虛弱、特別依賴周圍的環境，所以無所不能的上帝的另一面就是一個特別弱小、非常容易受到傷害、內心無比脆弱、經常處於崩潰狀態的內在小孩。這時，安全感和信任感就特別重要。

對於這個階段的小孩，既然他需要上帝般的感受，我們就要為他營造上帝般的氣氛，讓他躺在舒適的環境中，一睜開眼睛就有人對著他微笑；溫暖而柔和的光線照撫著他，柔軟的被褥包裹著他；他吃的東西既不太涼也不太燙，他排便了馬上有人給他清洗。反覆體驗這樣的感受，他就會覺得自己真的無所不能，想要什麼就有什麼，而且似乎周圍的人都圍著他轉，這就是「上帝」的感受。

內在小孩到底需不需要上帝般的感受呢？他是需要的。這樣的感受能讓他安靜地休息，能幫助他緩解內心的恐慌。

「上帝般的感受」，能夠讓最早階段的內在小孩順利成型，幫助他逐漸對周圍的環境和周圍的人產生安全感和信任感。

二至六個月共生期：微笑與獲得愛

三個月後，他就開始能夠識別周圍的一些人，主要是媽媽。

這個階段最主要特徵為「三月的微笑」。美國精神分析家雷諾・史必茲（Rene Spitz）發現一個很有意思的現象。他發現三個月大的孩子特別容易對外界微笑，所以把這個現象叫作「三月的微笑」。

佛洛伊德早年曾去參觀達文西的畫作，當看到被世人傳頌幾百年的畫像「蒙娜麗莎」時，他停在畫像久久不離開。當時陪他參觀的是他的學生費倫奇，佛洛伊德看著畫像對費倫奇說：「我終於明白這幾百年來，為什麼人們對蒙娜麗莎如此著迷，是因為她的微笑不是成年人的微笑，而是一個嬰兒對母親的微笑。」

佛洛伊德的這句話是有他的道理的。因為只有表現人類共通性以及人們相同或類似的體驗、經歷的作品，才能引起所有人的共鳴。

「三月的微笑」為什麼這麼重要呢？因為在心理結構上，此時孩子開始對周圍的環境感興趣。三個月後的嬰兒對外界的笑就表示他的內在小孩發生了改變。如果說嬰孩剛出生時，他的焦慮和恐懼全在於「我能不能活下來」、「這個世界能不能給我提供安全的環境」；在三月的微笑後，他的內在小孩就變得需要和人建立關係了。他開始對人感興趣，主要是對媽媽感興趣。

微笑是一個主動社交的信號，是一個願意跟他人建立關係的信號，這時內在小孩的主題就是：獲得愛。

嬰兒有幾個社交方式：第一個是身體結構，第二個是哭泣，第三個是微笑。

從身體結構上來說，如果他的眼睛在整個臉上占的比例特別大，頭在整個身體中占的比例特別大，我們一看就知道這是個小孩、嬰兒。所以，身體結構也是屬於嬰兒的特殊社交方式。

嬰兒的哭泣在社交中的作用是顯而易見的，即表達內心的不滿。嬰兒的微笑是為了讓別人對他微笑，以便兩個人建立溝通。當別人對他微笑時，逐漸形成的意義是「我因為喜歡你才微笑」，這時內在小孩就獲得了愛的體驗，他感受到自己是被愛的。

一般情況下，媽媽看到自己的孩子當然會笑，會很高興。當媽媽笑時、高興時，嬰兒就會覺得自己是被歡迎的，是被喜歡的、被愛的。這時內在小孩就是以愛為主題的，感受被愛，從而生出愛的能力。

有的人如果從小遭受父母的拋棄，或者父母在養育她時總是斥責她，她就無法獲得愛的能力。這樣的人在生育後常常會出現產後憂鬱症，板著臉，對孩子不耐煩。她的孩子也就無法從她身上獲得愛的感受，也會因此發展出挫敗的內在小孩。我們在後文會探討有創傷的和挫敗的內在小孩。

二至六個月時，孩子通常和媽媽緊密地生活在一起，這一時期叫作「共生期」。

在這一時期，孩子如果能夠經常看到媽媽的微笑，自己也經常露出微笑，是個

愛笑的孩子，就意味著他願意跟人建立關係，尤其是跟媽媽建立關係，並且是建立愛和被愛的關係。

這時，內在小孩充滿了愛的感覺，那麼這個孩子就會特別愛笑，哭的時候不多，受了委屈也很容易被哄好。這種孩子很容易養育，睡得好、吃得好、很少生病，因為他的內心充滿了愛。在現實中，他的媽媽也給了他無微不至的愛護，所以他的身體比較健康，發育情況也會比較好。

美國曾做過一個比較重要的嬰兒觀察實驗，實驗中的一個孕婦犯了罪，因為她懷著孕，政府允許她在生下孩子六個月後再服刑。所以這個實驗恰好可以把只能被母親照顧六個月的孩子和一直有母親照顧的孩子進行比較。

在這個孩子六個月大時，在媽媽離開之前，這個孩子的發育情況和其他孩子一樣良好。但在這位媽媽離開後，孩子的發育情況就明顯從六個月的成長退到了三個月的大小。具體表現就是，他動得少了，吃得也少了，體重也不增加了，動作也變得特別遲鈍。

到了出生後九個月時，另外一個有媽媽照顧的孩子已經長大了許多，動作也越來越俐落，笑容也特別多，還不容易生病；而這個媽媽離開了的孩子，到九個月時卻只有三個月時的體重，而且動作和反應都比較遲鈍。

從中可以看到愛是多麼重要，媽媽的陪伴是多麼重要。媽媽實實在在的陪伴能夠讓孩子逐漸地內化他的母親，內化他的內在小孩。他的內在小孩就會獲得這樣感覺：媽媽是愛我的、媽媽不會離開我，她是和我在一起的。在這種狀態下成長的小孩當然就是充滿愛的。

六個月以後：自戀與探索

往後發展，內在小孩還會有所改變。瑪格麗特．馬勒（Margaret S. Mahler）曾說，孩子和父母第一次真正從心理上分開是在出生後六個月。

因為六個月後，孩子的肌肉開始發展，他會爬了，可以爬到周圍玩。這時就開始出現「自體感受」，就是他覺得自己能離開母親，能去做自己想做的事情了。

六個月大時，孩子開始形成自戀的自我，這時的內在小孩又出現了一種類似於「上帝」的感覺。這個時期的孩子認為他可以不再依賴母親，並開始探索外界各式各樣的事物。他什麼東西都抓，抓到什麼都送到嘴裡嘗一嘗。他爬來爬去、

不同時期內在小孩的表現

根據精神分析學家瑪格麗特．馬勒提出的嬰兒自我發展的歷程，孩心的心理組織結構變化，使得內在小孩在不同的階段會有不同的表現。

1　自閉期（0～1 個月）——上帝般的感受

2　共生期（2～6 個月）——微笑與獲得愛

3　分離個體化期（6 個月～3 歲）——自戀與探索

- 孵化期（6～10 個月）
- 練習期（10 個月～16 個月）
- 和解期（16 個月～2 歲）
- 恆定期（2 歲～3 歲）

抓來抓去，於是肌肉明顯增加，他的胳膊、腿、肩、背都開始變得強壯有力。相應地，這個時期的內在小孩也是多動的。

以前，孩子都是先會爬後再走，但是現在有一部分孩子從來都沒有學會爬。可能是因為現在有了學步車，所以這些孩子從躺著的階段直接被拎到學步車上，跨越了爬的過程。這其實有點像揠苗助長。**因為，對於內在小孩而言，孩子的內在感受和他的身體發育是需要相對應的——我的身體發育到什麼階段，我的感受就該是什麼階段。**

孩子在爬行時所看見的、觸摸到的、感知到的和直立行走時的體驗是不一樣的，你必須讓他經歷每個階段。這時的內在小孩充滿對外界的好奇、樂於探索。在這個過程中，他不僅能得到掌控和自我控制的感覺，還能理解界限的感覺。我能爬多遠？我能離開媽媽多遠？我自己是不是能夠掌控？所以，嬰兒的爬行活動具有很大的意義。如果他跨越了這一階段，那他就可能失去探索的好奇心，缺少一些體驗，這會使他的內在感受不完整。

PART TWO

需求：

每個內在小孩
都需要被理解

篇·章·重·點

內在小孩的六大心理需求

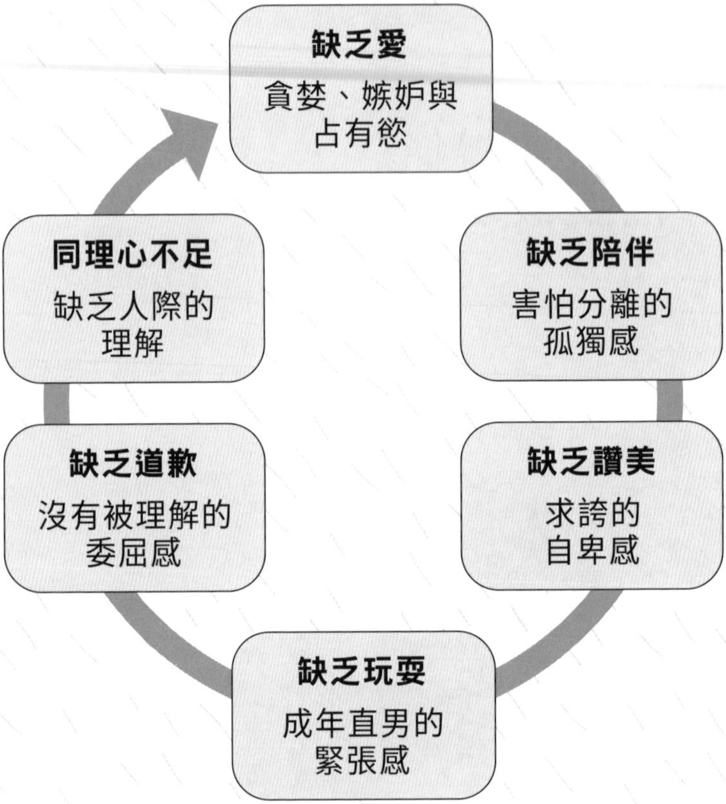

第05堂 內在小孩是如何受傷的

從某種意義上來說，一些神話、童話或魔幻文學作品所創造的英雄形象大都是歷經種種磨難，最終戰勝惡勢力，才能過上平靜安穩的生活，這其實都隱喻了一個內在小孩成長的過程。

介紹了內在小孩的形成，以及在不同階段的不同特徵。這一堂課我們將探討內在小孩是如何受傷的。

譬如，一個孩子從小沐浴在父母的關愛之下，周圍的人對他比較和善，環境也比較友好，爺爺奶奶、外公外婆、父母都用盡全力對他好，那麼他就能形成對這個世界的安全感和信任感。

健康的內在小孩的特點

早期來自父母的愛和無條件滿足孩子的要求，能幫助孩子形成有安全感的內在小孩。他會對周圍的環境特別信任，對周圍的人也特別熱情和友好，充滿自信。跟這種人接觸時，你也會覺得充滿正能量。這種人的內在小孩既勇敢又熱情，既大方又單純，為人坦坦蕩蕩。當真正的人格形成後，他會讓人如沐春風。也就是說，跟他在一起時，你會感覺他從不做作，一言一行都非常自然。這就說明他擁有健康的內在小孩。

挫折並不一定導致內在小孩受到創傷。譬如，一個內在小孩在扮演過早期「上帝」這種角色後，就開始與現實接觸。那麼這個內在小孩就有可能耐受挫折，並且能認識到：「哦，父母有時發火並不等於他們對我就不好」，所以他就可以接受父母的不完美。事實上，他也逐漸接受了世界和自己的想像不一樣的事實。

這種內在孩子就能夠耐受挫折。偶爾考得不好、別人做的事不符合自己的願望、跟別人在一起玩時，被別人占點小便宜……他不僅可以耐受，而且還可以比較寬容。這種人當然就會受人歡迎。

但是在受挫後，內在小孩也有可能發展出另外一面——「惡魔」。它到底是不是內在小孩的一個特徵呢？有創傷的內在小孩當然有「惡魔」的一面，就像每個人的人性都有陰暗面。譬如嫉妒。一個內在小孩如果嫉妒心很強，就可能會想破壞別人所擁有的一切，認為「只要我自己沒有，你也不能有」，最後害人害己。

正常、健康的內在小孩也會有嫉妒感，只不過他能把這種嫉妒感克制在一定程度內，在這個程度內，嫉妒感表現出來的是羨慕。

那麼，嫉妒和羨慕有什麼差別呢？嫉妒是：「如果我沒有，我也不讓你有，如果你有，我一定要破壞你」；而羨慕則是：「你有的東西我沒有，也許我以後透過努力也可以有，可是現在，因為你有而我沒有，所以我特別羨慕你，但我也可以讚美你」，這才是健康的內在小孩的表現。

內在小孩為什麼會受傷

但是，如果在環境特別惡劣時，他也會朝有創傷的內在小孩的方向發展，這就構成了我們後續的話題——內在小孩是怎麼受傷的。

簡單地說，**在形成的各個階段，如果內在小孩的需求沒有得到及時滿足，他就可能受傷。**

譬如，最早期的「上帝」般的內在小孩，因為要活下來，所以呈現出一個「上帝」般的形象，要求周圍的人全心服侍他。這時如果父母對他足夠好，使他產生了安全感，逐漸地，他表達需求時就沒有那麼急迫，他就會變成一個有耐性，能接受挫折，並且能夠原諒別人、寬容別人的內在小孩。

但是，如果周圍的環境特別惡劣，他可能就會把「上帝」般的內在小孩保持下去。現實中的這個孩子就會表現得對人頤指氣使，說話口無遮攔，這正是具有「上帝情結」的內在小孩的外在表現。

如果年紀小的孩子有這種表現，我們還可以認為這是一種正常的狀態。但是我們會發現，在成年人當中也有不少這樣虛張聲勢的人。有一些各方面都不具優勢的人，但他們的姿態卻好像自己大權在握，是一個「上帝」似的人。這種人的內在小孩其實是一個弱小的、自卑的、怕被別人瞧不起的孩子。所以他必須為自己製造出一個特別強的陣勢來壓倒別人，這就是一個有創傷的內在小孩的表現。

那麼，有創傷的內在小孩是怎麼形成的？

早期惡劣的環境和父母不當的教養方式可能會讓孩子形成有創傷的內在小孩。

在各種不當的教養方式中，首當其衝的就是疏離。如果父母不太理孩子，這個孩子就會感覺到危險，因為父母不講話、不陪伴，又不撫摸，他就無法擺脫「我活不活得下來」的疑慮和恐懼。

其次是「太強烈的刺激」。有很多父母親可能因為種種原因對孩子不滿，譬如，他們想要男孩，生的卻是個女孩；或者想生一個健康的孩子，但這個孩子卻是身障；又或者父母想離婚，卻因為孩子不能離……在這樣的親子關係中，孩子就常常不能從父母那裡獲得足夠的關愛，相反，他常常會感受到來自父母的敵意，甚至是語言上或身體上的暴力。

除此之外，成長環境也可能存在不當的刺激，例如哥哥姐姐態度惡劣等。經常有這樣的情況，母親因為全心照顧新生兒而忽略了稍微大幾歲的哥哥姐姐。哥哥姐姐感覺被母親冷落了，就可能偷偷掐弟弟或妹妹。

總而言之，周圍的環境對個人的生存特別不利時，他也容易形成一個有創傷的內在小孩，把自己的內在小孩臆想成具有無所不能的神力形象。

你可以看到電影「蜘蛛人」、「鋼鐵人」裡的主角，都具有一個特點，無論怎麼打都打不死。這種內在小孩的英雄形象也常常出現在中國文學作品中，例如孫悟空。孫悟空的身體可以任意變幻，可以變大，可以變小，可以變成山石草木，他還有金剛不壞之身，無論是被放在煉丹爐裡燒，還是被砍頭劈身，被壓在大山底下，他都不會死。這就是一個內在小孩的表現，只是這個內在小孩具有極強的神力。

如果一個內在小孩需要這麼大的神力來生存，那麼外在的環境是多麼的糟糕啊。從某種意義上來說，一些神話、童話或魔幻文學作品所創造的英雄形象大都是歷經種種磨難，最終戰勝惡勢力，才能過上平靜安穩的生活，這其實都隱喻了一個內在小孩成長的過程。

恰當、穩定和持續的教養方式

上文提到的不當之處，主要是對孩子照顧和愛護不足，沒有及時滿足孩子的需求。除此之外，還有一種情況，就是現代人常有的現象：父母愛子之心太切、太強烈，給予孩子太多的關注。這種愛往往使父母給孩子的東西不是孩子需要的。

對於哪種教養方式是不恰當的，哪種方式是恰當的，我們可以從下面例子中體會。

兩三歲的孩子在公園裡爬樓梯。我們可以看到三種類型的母親的不同反應。

第一種類型的母親，看到孩子爬樓梯，馬上過去把孩子抱走，說這個太危險，你不能爬。這種母親會緊緊盯著孩子的一言一行，不讓孩子越雷池半步，這是過度敏感的母親。

第二種類型的母親，她的孩子已經都快爬到頂了，要摔下來了，她還在旁邊跟別人聊天，根本沒有注意到孩子的情況，這就是特別疏遠的母親。這種孩子可能會外傷不斷，他的內在小孩體驗到的就是過於自由，沒有管束，但是經常因此受到身體傷害，各種摔傷、骨折。

第三種類型的母親，看到孩子在往上爬時，她邊跟別人講話，邊用餘光看著孩子。當孩子爬到一定的高度時，她就過去扶著孩子，並且鼓勵孩子繼續往上爬。這種方式就是「恰當」的教養方式。

恰當的教養方式是避免孩子形成有創傷的內在小孩最重要的環節，除此之外，還需要保持教養方式的穩定和持續。

穩定的意思就是，母親要經常出現在孩子面前，並且和孩子有固定的儀式。早上幾點起床，先做什麼後做什麼，然後晚上幾點鐘睡覺，睡覺前要講故事，要親一下……穩定對於孩子的成長是特別重要的，儘量不要讓孩子頻繁變換生活環境。譬如，今天把孩子送到奶奶家，明天又把孩子送其他人家，或者在孩子幼年時不斷搬家，不斷變換生活的城市，這些都是不穩定因素。

同時，對孩子的態度要有「持續性」，比如，你誇孩子要發自內心、穩定持續，不能因為他成績不好，就不誇他了。

綜合以上，**恰當、穩定和持續是對孩子的內在小孩的形成非常重要的三個因素。如果這三個因素有缺失，就容易形成創傷的內在小孩。**

內在小孩形成的重要因素

不恰當、不穩定和沒有持續性，就容易
形成創傷的內在小孩

第06堂 貪婪、嫉妒與占有慾——需要被愛

缺乏愛的內在孩子，不是以一個特別貪婪的形象出現，就是以嫉妒的、有攻擊性的，甚至是毀滅性的形象出現。

缺乏愛的內在小孩是一個非常貪婪的「惡魔」，可能對於很多東西都有強烈的占有慾。

貪婪與饑餓

譬如，一家大型企業的老闆已經五十五歲了，但是他的家人對他很不滿意。部分原因是他做的飯菜很不好吃，有三個特色：黑、鹹、黏。

以前家裡很窮，在煮飯時，就會做一些鹹的食物，把醬油和飯攪在一起，因為做法不講究，飯菜又黑又鹹又會黏在一起，反正大家能夠吃就好。

他傾訴說：「小時候，在我三歲時，我的媽媽就去世了，生活很艱苦。我爸爸很快就給我找了新媽，然後要我自己出去賺錢，那時真的是要出去討飯才能活下來。」

這位老闆的孩子對他也有一個描述：「我爸爸雖然是企業的大老闆，在街上走路的時候，雙手是不能空著的。他不拎公事包，但是他手上一定要握著東西，尤其是吃的東西。他喜歡吃肉，一隻手要拿著肉，比如羊肉串，一隻手要拿著漢堡。」這段話就生動地表現出一個饑餓的內在小孩的形象。他的一雙手上要有食物，這是一種要占有的表現。

這跟愛有什麼關係？媽媽跟孩子早期的關係，除了養育關係以外，更重要的是愛的關係。親餵母乳，強調的不是乳，其實強調的是母親。

因此，在心理學上，我們強調親餵母乳是為了讓孩子體會到母親的愛。「我可以吃到東西」、「我可以嘗到乳汁，我可以吸到乳頭」、「我口中要有東西」。**如果口中沒有東西，這個內在小孩缺的不僅是能吃的食物，更主要的是缺乏母親的愛。**

現實生活中有一個很有意思的現象。一個男生熱愛製作美食，最後變成了一位著名的廚師，看著別人吃他做的料理，或者誇他做得很好時，他心裡會非常滿足。

有人會很奇怪，為什麼一個男生能夠把料理做得這麼好？為什麼他調的味道會這麼好？那是因為在做料理時，他都會親自品嘗，這其實就跟愛的缺乏有關。

曾經有一位母親告訴我，她的女兒去美國學習金融經濟，成績非常好。可是，畢業後，在摩根士丹利工作一段時間後，她很快就辭職、消失了。她去了國外的一家米其林餐廳當學徒。

在那裡學習了兩年之後，她再次回到紐約，並請媽媽到一家餐廳吃飯。她媽媽終於知道女兒的厲害了。點菜之後，她僅僅通過品嘗這些飯菜，就能清楚地知道這個菜裡面加了什麼東西，用了什麼火候，有怎樣的製作流程，為什麼味道是這樣的，這些味道來自什麼佐料……她把來龍去脈分析得清清楚楚。

可以把食物進入口中之前的所有過程細節瞭解得如此清楚的人，在嬰兒時期等待母親餵奶的過程中，她心裡該是有多麼恐懼和期待。果然，這位媽媽承認：「我在女兒早年時，夫妻關係不很好，所以我可能忽略了她。」

缺乏愛的孩子有一個表現形式就是貪婪，她是個饑餓的孩子。

強烈的占有慾

我們還可以將饑餓這個意象延伸為一個人，他想去愛時，就特別貪婪，什麼東西都想占有。

按照佛洛伊德的人格發展理論，孩子在出生後的第一年時處於口腔期。在這個時期，嬰兒的頭號需求就是吃東西，他對所有事物的感覺都是通過嘴巴來感受的。「口中有物，心裡不慌」，就是口腔期的表現。

當嘴裡含著媽媽的乳頭，或是安慰奶嘴時，他就感覺自己是安全的，是獲得愛的。所以口中有物的這種感覺就象徵性地演變成他缺乏愛時的占有慾，也就是「我要占有這些東西」；而這種占有慾望還會有多種表現。

一名四十多歲的女性說，她小時候缺乏父愛。缺乏愛不僅指缺乏母愛，缺乏父愛也一樣是缺愛。她出去買東西，一次要買四條以上的褲子，而且一定要買。價格可以不是很高，但東西一定要多，她要能夠抱回去。

她還有囤物癖，看到什麼東西，都忍不住要把它帶回去。譬如，在路上撿到一個塑膠袋或者盒子，只有帶回家，她心裡才舒服。她家裡並不需要這些東西，她得偷偷把從外面撿回來的東西放在儲藏室裡，不能讓老公看見。

這就是收藏癖、囤物癖的特徵，就是要拼命地去占有，看到一個東西就一定要占有，如果不占有，心裡就像貓抓一樣不能安寧。

所以，貪婪不僅表現在吃上，還可能表現在對物質的占有上。

大家都知道，有些女性對包包的占有慾也比較強，有的包可以貴到十幾萬元，但即使沒有那麼多錢，她也想要買。其實，這很可能因為她在成長中心理上存在缺失，所以她要用包包這種特定的物質來彌補內心缺失的感覺。

得到這個具有心理補償性的物品後，她可能會得到暫時的滿足感，但過一段時間後，這種滿足感就會消失，缺乏感又會回來，周而復始。

病理性嫉妒

缺愛的內在小孩的另一個典型表現就是病理性的嫉妒。他特別容易嫉妒，因為**他所缺乏的愛不僅是母親的缺位。母親缺位的情況不僅限於小時候沒有母親照顧，也包括「情感的忽視」**。

有一位學員告訴我，她已經五十多歲了。她的父母生了三個女兒。父母在病重去世前，就決定把財產都分給她們。這本來是件好事，可是父親說了一句話，又讓她氣了半天。他說：「你們要知道，我是因為沒有兒子，才把財產分給妳們的，要是有兒子，這些東西跟妳們都沒關係。」父母咽不下沒有兒子的這口氣，所以他們把東西分給孩子也是心不甘情不願的。雖然她歲數已經很大了，父母都已行將就木，可是她內心的內在小孩的病理性嫉妒依舊表現強烈。

第一，表現在對男性的敵意上。如果父母的愛都給了男生，那女生的表現就是對男性存有敵意，當然首當其衝的是她的兄弟。

第二，對有兄弟意象的人抱有敵意。譬如，她在工作中，總是呵斥年輕的男性下屬，覺得他們「總是不好」。在與同事的關係中，她呈現出對他人的敵意，其實是對男性的敵意。

如果是在重男輕女的家庭中，嫉妒除了表現為對男性的敵意，也有可能表現為對任何人的嫉妒。因為嫉妒的表現就是：「我要是得不到，我也絕對不讓你得到，我是絕對不讓你好受的」，所以她會表現得特別具有攻擊性。

你可以注意，在公司裡有沒有這樣的同事：所有的事情他都出風頭，他都要搶在前面，所有的好處他全部都要爭先；但是別人得到好處時，他是不認可的，他一定要在背後說別人的壞話。這種人就具有類似於病理性的嫉妒心理，見不得別人好。這樣的人，往往也不會有良好的人際關係。

缺乏愛的內在孩子，不是以一個特別貪婪的形象出現，就是以嫉妒的、有攻擊性的，甚至是毀滅性的形象出現。所以，這個世界上如果真的有什麼東西能夠讓人變得比較溫和，變得比較友好、友善，變得單純而沒有心機，那就是小時候父母要給孩子足夠的愛。

提問　賭博成癮也是缺愛的表現嗎？

賭博是不是也是缺愛的表現？也是，也不是。成癮行為有兩種，一種叫依賴，另一種叫成癮。依賴常常是心因性的，成癮基本上就是物質性的。

有的人喜歡賭博，他這輩子就是一個爛賭徒。他的賭性是天生的，是他的大腦結構決定的，你沒有辦法改變他的大腦，他為了滿足賭博的這種衝動，什麼事情都幹得出來，這一類人缺不缺愛都會去賭博。

有些賭博的人是真的因為缺愛而產生賭博的行為。他會說，如果我依靠一人了，這個人可能無法讓我信任，不能給我愛和安全感，那我一定要找一門技術，這門技術是我可以掌控的。賭博對他而言可能就是一門技術，因為在賭博的過程中，他可以操縱，可以獲得，當然也有可能失去。

在賭博的過程中，他的心理感受跟與人發展關係是一樣的，但是他跟人發展不了關係。所以他將缺乏的關愛變成了對賭博的愛。但是他在與人的關係中，在與賭博的關係中也往往都是輸家。有一部分賭博的確是因為家庭環境缺乏愛所致，但並不是全部。

第07堂 害怕分離的孤獨感——渴望陪伴

孩子需要在一個熟悉的環境中成長。熟悉的環境包括身邊的人和事物，還有當地的文化。文化、環境也是一種陪伴。

在中國，缺乏陪伴的孩子形成了一個很典型的社會群體——留守兒童（父母離家工作，小孩由爺爺奶奶照顧）。有的人說，留守兒童不是有爺爺奶奶陪伴嗎？所以我們就要明確理解「陪伴」的意義。

陪伴的多重意涵

若說，陪伴是一種「有人在」的感覺。老家的爺爺奶奶是「有人在」的感覺，他應該是不缺陪伴的；因為有人氣，有人的聲音、講話的聲音即可。

溫尼考特（D. W. Winnicott，致力於嬰兒與母親的關係研究）提出一個概念，叫作「過渡現象」（transitional phenomena），就是說孩子在內心形成某種思維，產生某種情感的過程中，是需要有人陪伴的，是需要進行轉化的。

在這個過程中，玩玩具也是一種陪伴方式，所以孩子喜歡將一個玩具抱在懷裡。我們可以將他特別鍾愛的玩具稱為「過渡性客體」（transitional object）。除了這種過渡性客體，孩子成長的環境也很重要，這裡所說的環境是包括語言、食物、習俗等文化現象在內的所有客觀因素，也就是「環境母親」。如果在幼年頻繁搬家，就會破壞孩子在內在小孩形成的關鍵時期時環境母親的穩定性。

我最喜歡舉的例子就是，汶川地震後，政府要給幾百名孤兒安排歸宿。外省地區有一家工廠表示願意接收他們，可是當地政府還是決定把這些孩子留在當地。我覺得這個決定特別好。孩子們已經失去了父母，如果再把他們送到飲食習慣和當地差別很大的外地，他們就澈底失去了他們的「環境母親」。

如果他們留下來，雖然沒有父母，但至少他們成長環境中的飲食習慣、飯菜味道、講話口音及其他文化等都沒有太大改變。所以，我覺得這個決定是一個特別以人為本的決定，因為**孩子需要在一個熟悉的環境中成長。熟悉的環境包括身邊的人和事物，還有當地的文化。文化、環境也是一種陪伴。**

接下來我們要探討的是媽媽本人，是否真的在陪伴孩子。因為當有媽媽的陪伴時，孩子在跟媽媽互動的過程中會逐漸將媽媽作為一面鏡子，從中看見自己。這就是心理學家拉岡提到的「鏡像階段論」（the mirror stage）。

漢斯．柯赫（Heinz Kohut，研究自體心理學，致力於自戀型人格障礙治療）認為，人是自戀的，但是自戀的過程需要將另外一個人作為鏡子，在這個鏡子裡看見自己後，就形成了自我。

有一次，我在一間豪華飯店的電梯裡，電梯的內壁是用純銅做的。一個媽媽抱著一個大概不到一歲的孩子進了電梯，緊跟著又上來一個身材很高的男性，擠在了孩子的媽媽和電梯的牆壁之間。然後他就說，不要讓孩子盯著鏡子看，孩子太小，怕嚇著、做噩夢。有很多地方都有這種說法，不要讓孩子尤其是很小的孩子照鏡子。

這個現象很有意思，因為猴子、猩猩對著鏡子時，能夠看出鏡子裡的形象是自己。但是，鵝、鴨子，甚至是狗、貓，看到鏡子裡的東西後，就會攻擊，說明它們沒有認出鏡子裡的形象是自己。

我們文化講究鏡子不要正對著床。這在某些程度上是有道理的。晚上起來時你往往還沒有完全清醒，此時突然發現有一個人影，可能會把你嚇得半死，其實只是你自己在鏡子裡的人影。

成年人尚且如此，**心智還沒有成熟的嬰幼兒更可能會被鏡子裡的影子嚇住。要讓孩子看見自己又不會被嚇到，這就需要母親在場。**

有很多家庭的父母去外地打工，把孩子留在老家讓爺爺奶奶照看。這些孩子內心對父母的呼喚其實是特別強烈的。

有一次討論，有幾個學員說自己的爸媽總是打自己，特別殘暴。有一個人在旁邊半天沒作聲，最後冷冷地說：「我真是覺得你們身在福中不知福。」他說，「我從小到大基本上很少和父母見面，他們在外地打工，還在外面生了弟弟。他們偶爾回來，回來後也很少看我，只忙他們自己的事。那時我多麼渴望他們能多關心我，就算多打我幾下呢。」這就是內在缺乏陪伴的孩子。

內在缺乏陪伴的創傷表現

這種內在缺乏陪伴的孩子，他的內在小孩有怎樣的表現呢？

第一個表現是特別黏著。在成人的依戀關係中，有一種人表現得特別黏人。我舉個簡單的例子，有一對年輕的夫妻，妻子隨時要對丈夫查勤。一般來說，夫妻之間也應該有各自的隱私。可是這位女士跟她丈夫之間有一個不成文的協議，只要妻子撥通電話，說兩個字「查勤」，丈夫就必須把他的電話鏡頭打開，在不影響周圍的人的情況下，轉一圈給他的老婆看，要讓妻子看到他現在在做什麼。如果他正在開會，妻子就會要求他按下語音鍵——你不是在開會嗎？那我聽一下你是不是在開會。

這顯示了兩個人的內在關係基本上是融合的關係，就是我可以到你內心去探索，這就是融合。

在早期媽媽和孩子會有「融合」的狀態。在子宮的羊水裡，他和媽媽是一體的；出生以後的前幾個月，孩子既不能跑，也不能爬，只能靠媽媽抱著。所以，孩子的心理是：我希望天天跟媽媽黏在一起，我希望隨時能聞到媽媽，能摸到媽媽。如果晚上一覺醒來，媽媽不見了，這個孩子就害怕了，他沒有安全感，就會哭鬧，必須有人抱著他才行。

這種高度黏著的嬰兒非常擔心媽媽的離開。我們把這種心理特徵叫作「分離焦慮」。特別強烈的分離焦慮，表現在成年人身上就是她每天都要看到對方，對方的一舉一動她都要有所掌握。

第二個表現是特別害怕分離。有這種內在小孩的成年人表現是戀家。在中國有二三級城市的孩子高考成績本來很好，但是他絕不選外地的大學，寧可在自己家所在的城市讀一個錄取成績差很多的大學。

而內在小孩特別害怕分離的老年人則表現在對孩子的依賴，如果他們買房子，也首先考慮和孩子住在同一個社區裡。

當然，傳統的大家庭模式已經被獨立的小家庭模式所代替。所以這種選擇同一個社區居住的方式不失為一種折衷，既能彼此獨立，又有大家庭互相照顧的便利。

第三個表現是對皮膚接觸的渴求。因為母親的早期陪伴往往是擁抱和撫摸，所以有的人會對皮膚接觸有強烈的渴望，如一定要和情人抱在一起睡覺，枕著老公的手臂。還有些表現可能會體現在生理上，如起疹子。皮膚缺少撫摸，就會敏感，經常患皮膚病。

這些類型的依戀關係，即被稱為「**焦慮矛盾型的依戀關係**」。

內在小孩缺乏陪伴的另外一種類型的表現，就是特別「作態」。其實這也是一種依戀人格，這類人其實非常希望跟人在一起，但他不直接表達這種願望，而是總想以各種不合情理的言行舉止引起對方注意，像個孩子般，用這種方式表達「我想你陪我，我想跟你在一起」。可最後的結果往往是把關係給破壞掉了。

她內心是渴望更親密的關係，可是在表面上做的事情卻是要把關係破壞掉。譬如她常常會對男朋友說：「你是不是在想別人呢？你每天跟我在一起，是不是很無聊啊？我就知道你不懷好意，我就知道你三心二意，你那麼不喜歡跟我在一起，怎麼現在還不離開我呢？」

你看，戀人之間以這種模式相處，其結局大多是吵架和分手。

另一種類型的依戀關係，被稱為逃避型的依戀關係。逃避的意思就是，害怕早期缺乏陪伴的經歷再一次發生在自己身上，雖然他內心非常渴望陪伴。可是在現實中，這種害怕卻扭曲了他的行為，使他做出的決定和行為反而導致了關係的崩解。

在現實中，談過很多次戀愛的人不能說他不用真情，他很想用真情。但他總是談一個吹一個，因為他的內在小孩總在擔心甚至確信這段關係不會持久。

早期缺乏父母陪伴的經歷會內化在心裡，在成年後處理現實關係中，他會認為沒有一段關係是值得信任的。他會認為「我現在得到的親密關係遲早都會被分離，所以我先主動把它分離掉」。

提問 以前的我是典型的關係破壞者，想要陪伴，結果卻把對方推開。現在我看到了這點，可是對親密關係還是渴望更多陪伴，該怎麼發展起來呢？

成人的依戀關係通常有幾種常見的類型。

第一種是安全型，就是把對方作為一個人，也作為一種關係內化到內心，所以他不是特別擔心對方會離開自己，給對方充分的信任，兩個人之間有彼此的秘密，也不太輕易去打探對方的隱私，這就是安全型。

不安全型有兩種，**一種類型是焦慮矛盾型**，就是「我特別喜歡有人陪我，然後我天天都要黏著他，看著他」。但是，他只是要看著他，而沒有辦法把對方作為一個抽象的人，一種想像放在自己心中，而是他一定要看到他，摸到他的皮膚，聞到他的味道才舒服。所以，他就像小時候跟著父母上街的怯生生孩子，還要牽著手，拉著父母的衣褲，要確定看到父母。對於這種害怕失去的內在小孩，我們叫作焦慮的依戀關係。

另一種類型是逃避型，逃避型和焦慮型是一樣的，即很渴望親密關係，但是我又不能信任親密關係，因為親密關係隨時會拋棄自己，「所以我把衣袖拉得再緊都沒用，我一睡著，他就跑了」，這種關係就會演變成焦慮型。焦慮型有個特點就是「作態」，明明好好的關係，他肯定要把它搞壞。你是不是不愛我了啊？你剛才眼睛往其他地方看了一下，你是不是看上其他人了啊？你這幾天對我不理不睬的，你肯定不愛我了。在關係親密的時候，他一定要把這段關係斷掉。他內心的理念是，如果你要拋棄我，那還不如我先拋棄你。

當然這種關係要麼就特別近，要麼就特別遠，但是遠的比近的要強一些。因為這種人雖然渴望親密關係，但是親密關係對他來說就是個災難。所以我們可以看到，一些人經常和別人相處很短時間就分手，因為談戀愛的時候一親密起來，他就要分手。我們將其歸為「作態」。

當然對這一類型的人，也還是有人能夠包容。那種特別寬容大度的丈夫，不管妻子如何作態，他都接得住，慢慢地妻子對老公產生了充分的信任，就從不安全型變成了安全型。再加上如果她自己當母親了，形成了與孩子的穩定關係以後，她可能就慢慢地被治癒了。從早年的不安全的關係，到成年安全的關係，只是能成功轉化的比例還是比較低的，比例大概只有百分之二十。

關於成人的依戀關係

約翰・鮑比（John Bowlby）將嬰兒與主要養育者之間的情感聯結稱之為依戀。Kelly Brennan（1998）更延伸提出成人依戀關係的類型，同時也呼應了嬰兒與母親之前的關係。

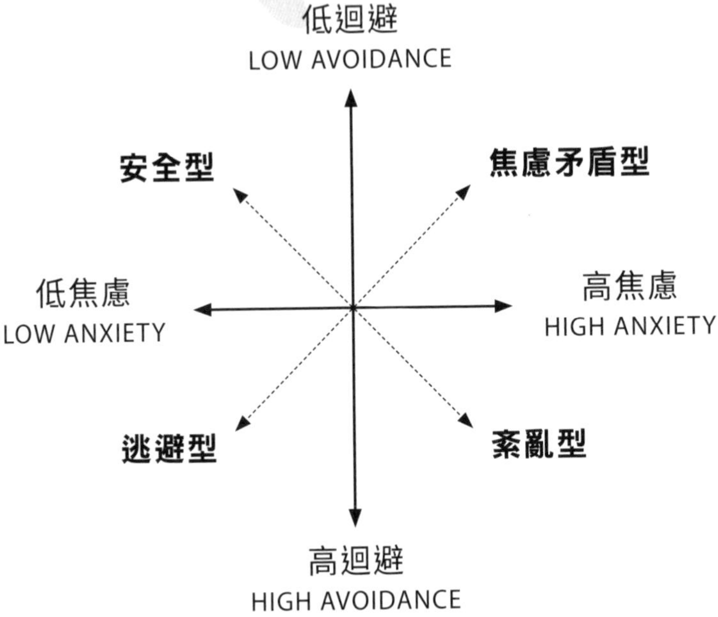

第08堂 求誇的自卑感——缺少讚美

不是父母親做錯了什麼，而是我長得不夠好，我做得不夠好。這個孩子久而久之就會認爲自己不好，在這樣的情況下，他就會處於一個特別自卑的狀態。

求誇的孩子，內心是特別自卑的。所以，他在內心中特別渴望得到他人的誇獎、稱讚，他選擇性地注意那些他被誇獎過的詞。

我記得特別清楚，在二十年前的一天，我穿著白色的絲光襪子，有一個平時跟我關係普通的同學，他說：「哎，你今天穿的絲光襪子不錯，白色的。」我沒回

應他，當時我感到他很失望。後來我回想起來，他平時跟別人聊天總有一個潛規則，就是要引導別人誇他。所以我就明白了，其實他的目的不是誇我的絲光襪子好看，而是希望我去注意他，看看他穿的衣服，或者是他穿的襪子。

內在小孩的創傷表現：求誇獎

這種自卑的內在小孩有一個特點，就是求誇獎。每當這種人講到一件事情時，他會轉幾道彎，最後一定要轉到自己身上來、讓別人誇自己。

再舉個例子，我以前有一位同事，有一次他的論文被某學術大會錄用了。在學術領域，如果你的論文被大會採用，有以下四種形式。

第一種是請你做大會的主題發言人，我們稱為 Keynote Speech，在大會開始的第一天上午，你就被安排要演講。

第二種是給你安排的大會發言時間比較長，發言通常安排在第一天下午。如果大會一般的發言是十多分鐘，那麼你作為大會的主題發言人就會被安排三十至四十分鐘的發言時間。

第三種是被錄用的論文會被放在大會的會議手冊裡，大家可以看到作者、研究單位、論文及收錄情況。

第四種是大會的發言會被張貼在會場外的壁報上。

這位同事已經在國外待了一些年，在國外拿到了博士學位。多年以後再見到他，有人問他在國外混得怎麼樣，他就很自豪地說：「你看，我在國外某大會上的論文發言」，他還會單獨拿出照片給我們看。

像這種很多年沒見的同事聚在一起，一般是談國內現在的情況，但是他一談就要轉到國外的情況，國外的大會有多少人參加，國外的大會怎樣，他的論文如何……也就是說，最後他的落腳點都在「我」上。實際上，我們在他展示的照片中看到他的論文是以壁報的形式呈現的，我們就知道他在國外並沒有成為業內翹楚。

求誇獎成癮的特點就是對被人誇獎有某種病理性的需求，甚至有時他的求誇獎是不合時宜的，而且是以自我為中心的。不合時宜就是別人在講其他的話題時，他一定要扯回希望被人誇獎的話題上來。

以自我為中心的就是，別人敷衍一下，說一句「哎，你這個做得還不錯」，然後就轉移話題了，他還要把這個話題轉回來，就是他特別喜歡談論以「他」為主題的、以「他的功勞」為主題的事。

跟這種人接觸多了你會發現，他雖然表面上經常誇讚別人，其實他對周邊的人並不感興趣，他先誇讚別人，目的還是要把注意力引到自己身上，希望得到別人的誇讚。

當你跟一個人談話時，他在貶別人，他在說別人的壞話，同時他在誇你好，而實際上，他誇你好也不是想誇你，最後的落腳點一定要落到自己身上——你看我最近做了一件什麼事……或者他在等待那一刻，等待著你把注意力放到他的身上，說「你做得很不錯哦，你也……。」這時他會兩眼放光——你終於明白了他的意思，他終於達到了自己的目的，你終於開始講他了。這時你會發現，他的閘門就打開了，滔滔不絕地講他的事情，可能是一件很小的事、很不起眼的事，或一件不值得吹捧的事，他卻吹噓得很大。

當然，他會把他的一些不好的東西掩飾掉，然後他會儘量凸顯出自己做的事、自己的功勞或他的某些偉大之處。可是內行人一看就知道這個事不值得一提。

所以，久而久之，很多人就很討厭跟這類人相處。

內在小孩的創傷表現：貶低別人

自卑的內在小孩，除了求誇獎外，還有一個特點就是讓周圍的人感覺被貶低。因此，你就會覺得不舒服。有時候我們會覺得，這種被貶低的感覺可能正是他內在經常會有的感覺。

所以，如果跟這種人在一起，你可能會陷入和他一起去說別人壞話的陷阱中。最後，你給他吹捧的機會，當了聽眾，聽他吹噓自己。

在這種情況下，很多人的感受就是「啊，又來了」，甚至有的人會直接離開。可是，你會發現，別人直接離開，或不聽他講，或轉移話題，並沒有給他造成多大的影響，他會繼續找另外一堆人再說。

這種自大的表現是一種忽略周圍人情緒的表現，所以他的人際關係就不會好。表面看起來他可能很堅強，他不怕別人對他的評判，也不怕別人對他的疏遠。

其實這在人際關係中是最糟糕的，因為他沒有同理能力。在一個情境之下，我能夠知道別人是怎麼想的，並且我能夠讓別人知道我是怎麼想的，這就是同理心。

同理心在有些人際關係規則中能夠體現出來，譬如，在講話過程中適當地停頓一下，看著別人的眼睛，給別人表達看法的機會，一來一往的這種對話，就比較能夠發揮出同理心。

缺乏同理心的人，可能是因為在嬰兒期，哭一晚上也沒有得到媽媽的回應，被關注的需求沒有得到滿足，從而形成了自卑的內在小孩。

這種人雖然特別渴望得到誇獎，可是他總是得不到。雖然他總是誇自己，但是他的目的並不是讓別人知道他有多厲害，而是希望得到別人的認可。他這種自誇往往會適得其反，不僅得不到別人的認可，反而惹人厭煩，所以在本質上，並不能改變他的自卑。

自卑：對父母的道德防衛機制

這種求誇獎的內在小孩是怎麼來的呢？根源是在孩子成長的過程中，父母很少給予誇獎，甚至經常訓斥和貶低這個孩子。

有些很漂亮的女孩子卻從小就認為自己不漂亮，就是因為母親總是說她各種不好，貶低她。所以母親的態度是很重要的。有人提倡不要溺愛孩子，或者不要過度誇獎孩子，但是實際上孩子在小時候是需要被鼓勵和誇獎的。

有的孩子長大以後說：「父母誇我的話，都是我從他們的同事那裡聽來的，他們在同事面前誇我，但從來不在我面前誇我。」

如果孩子考了全班第一名，他們說：「你現在得意什麼呢？你在全年級排第幾呢？」如果你考了年級第一，他們又說「那你在全校排第幾呢？」總之，這個孩子永遠覺得自己達不到父母的要求。

反過來看，這其實反映了父母內心也存在一個不滿足的內在小孩，因而他們可能會嫉妒自己的孩子。父母如果嫉妒孩子就會貶損孩子，有意或無意地不滿足孩子的要求，看著孩子哭，或者打孩子時，還會產生莫名的欣快感。

這樣做的後果是什麼？如果你不肯誇孩子，不給他營造一個特別友善的環境，那麼這個孩子就會自卑。

孩子都有一種心理防衛機制，叫作孩子對父母的道德防衛。也就是說，父母不管對孩子做了多麼壞的事，孩子在內心中都是這樣想的：不是父母親做錯了什麼，而是我長得不夠好，我做得不夠好。這個孩子久而久之就會認為自己不好，在這樣的情況下，他就會處於自卑的狀態。

這種孩子長大以後可能就是個被霸凌的孩子，他從來不相信自己有能力。在這種條件下形成的內在小孩是自卑的。

不過，上文提及的求誇獎的孩子，除了自卑之外，也會反向形成另外一種內在小孩——無所不能的內在孩子，就是「我是最美的，我是最漂亮的，我是最有能力的」。這是過度的自卑使他的內心幻化出的一種「超能力」，以彌補在現實中的受挫感。

我們在有情感障礙的躁症的病人中可以見到這種情況。有時我們去躁症病房，老師告訴我們，如果早上到病房看到地面被打掃乾淨了，還聽到歌聲，就知道這個病房裡住進了新的病人，因為一般的病人情緒控制下來後，就會比較安靜。

而新來的躁狂病人往往哼著歌，心情非常愉快，覺得自己能夠搞定一切，精神又好，不用睡覺。他每天早上都很早起來打掃，把屋子裡裡外外打掃一遍。當然，清潔品質還是有問題的。他非常浮誇地拿拖把拖著、掃把掃著，但是你可以看到，他好像已經做了幾個小時，而且從來不疲倦。

內在自卑求誇獎的人的外在表現，是以自我為中心，對他人漠不關心，所有的注意力都集中在如何誇自己；同時他可能還會說別人的壞話，最終這個壞話有可能就是針對你的。所以對這種人你最好敬而遠之。

提問

我的親密關係中的另一半既自卑又以自我為中心，我該怎麼對待他，或者說該怎麼跟他相處呢？

對於既自戀又自卑的人，很顯然要小心翼翼地保護他的自尊和自大。他誇誇其談地說了一件事情，有現實感的人就會去戳穿他的謊言說：「你說的不是事實吧？你明明不是這個樣子的吧？」但是，**對這種人你要給他一個包容的回應，即提供一種母親環境。自卑的或者是自大的人，缺少的就是一個愛的環境。**

也就是說，不僅僅是母親要在場，而且母親的這種氛圍也要在場。小孩為什麼要自大，恰恰是因為他自己太弱小，所以他就把自己偽裝成一個特別威嚴的、高大的、無堅不摧的狀態。他對事物的理解是有偏差的。**孩子對事物的理解容易**

有兩個特徵，第一個就是有扭曲，第二個就是有誇大。所以你跟他講了一件很小的事情，他可能會放大，你跟他講了一件事情他沒聽懂，他會扭曲這件事情。**這樣的放大和扭曲就構成了自戀的狀態。**

怎樣才能夠讓他慢慢導正？就是母親環境，什麼叫作母親環境？母親要在。**母親在的時候要有聲音，這就是為什麼有嘮叨的母親比有沉默的母親的孩子要更加健康。這個嘮叨不是去指責孩子，而是指不停地跟孩子說話，不管這些話有沒有意義。**這個小孩的腳很臭，小孩的皮膚很白，小孩的酒窩很深，今天太陽很大，然後說一些花花草草諸如此類。看起來，媽媽講的都是一些廢話，可是對小孩來說特別受用。因為他聽到了媽媽的聲音，聽到了媽媽語氣，聽到了媽媽愉悅的感受。

如果對孩子的照顧活動有一定的規律，這個環境是讓他有規可循的，早上起來先上廁所，再吃飯，然後散步、唱歌、講故事、睡覺、餵奶。**如果他生存的環境是規律而穩定的，這個孩子就會逐漸在心理上形成一個保護殼。只要在這個殼裡面，他就知道自己是非常安全的。**

為什麼有的孩子喜歡睡覺時摸著媽媽的乳房，或者要摸著媽媽的耳垂，就是因為這種行為讓他有安全感，這就是母親環境。在母親環境中，他能夠感覺到某種穩定性、某種恆定性。所以，母親形成的某種規律對孩子內心的穩定來說基本上是一輩子的。

其實有時候大人是這樣的，他的一部分成年了，他的工作能力、他的智力都沒問題，另外一部分則完全是一個有創傷的內在小孩。所以，如果你有足夠的能力，營造一個母親環境，你是一個母親環境，別人在跟你的互動中，就會逐漸變成大人，恢復到他大人的狀態。

我們知道，有很多人智力超群，但是他的情感和早期的關係體驗糟糕得一塌糊塗。早期體驗導致的脆弱情感完全妨礙了他的智力發揮。當他的情況穩定下來的時候，課業與工作等，對他來說則完全不是問題。

第09堂

成年直男的緊張感——失去玩耍的能力

直男的邏輯。他在表達自己的想法時，很少考慮對方的意見，也很少徵求對方的意見。既然是直男，那他就不用掩飾什麼，也不用客氣寒暄，他就直接開始表達了。

如果孩子小的時候，父母要求孩子這個不能玩、那個不能動，要當一個好孩子，認為凡是跟玩有關的東西，甚至是孩子的愛好，都是玩物喪志，都是不務正業，那麼這個孩子以後可能會變成什麼樣子呢？

內在小孩的創傷表現：直男思維

我們大家比較熟悉的這種內在小孩的表現就是「直男」。在很多事情上，他覺得自己想的就是對的，別人說的玩笑話都是真的。他們有可能情感不豐富，思考的問題也主要在理智層面，並且是基於他自己邏輯的理智層面。所以有時，他很難理解別人的言外之意。

最常見的例子是跟女朋友在一起時，女朋友撒嬌說：「你要是不會照顧人，就走。」然後這個男生可能就真的走了，女朋友就很崩潰：「難道說，我讓你走你就走嗎？」而這個男生會回答：「不是你讓我走的嗎？」

在人與人交往時，有很多話的背後是有含義的。不會開玩笑的人就很難知道玩笑式的互動中的言外之意。

有一個名詞叫作「心智化」。譬如，因為嬰兒是不會說話的，所以在他要和媽媽互動時，媽媽就要去瞭解嬰兒的哭聲、表情、動作要表達什麼，這一過程就是心智化的過程。

有的母親就很清楚小孩什麼動作是要小便，什麼動作是要大便，什麼動作是要玩。小孩的哭聲在外人聽來往往都是一樣的，可是對母親來說是不一樣的。所以，敏感的母親經常能做出正確的回應。

如果母親的回應總是錯的，嬰兒當然會很鬱悶，因為他無法表達。所以我們強調母親要經常陪伴孩子，觀察孩子，這樣才能更準確地理解孩子的需求。

還有一個名詞叫作「偽裝模式」。比如，爸爸跟孩子在一起玩，孩子拿起水槍，對著爸爸就是一槍，水槍射中了父親，爸爸「咣」的一下就倒在地上，孩子看到這個情景就會哈哈大笑。

在孩子的內心中，他想達到的目的就是用水槍擊中你，你就應該死掉，然後父親死掉了。但是在現實中，父親並沒有死掉。在這個遊戲裡，孩子內心設定的場景——射中並且能夠擊敗對方實現了，他就會很高興，很快樂。他也知道父親是裝的，「偽裝」這個概念就變得清晰且重要。

有很多人與人之間的關係，是通過模擬逐漸獲得的情感體驗。譬如，為什麼很多人喜歡看話劇、看歌劇，因為它透過很多誇張的表情、聲音，把人的情感凸顯了出來，讓觀眾獲得了一種模擬性的體驗。

所以，為什麼媽媽跟孩子互動時，表情會特別誇張，眼睛睜得很大，嘴巴張得很大。因為她要把自己想表述的感情，透過這種誇張的表情表現出來。這整個過程就是一個偽裝的過程。

回到我們開始的話題，如果爸媽在孩子小時候經常跟他們玩耍，有特別誇張的動作和表情，在這個過程中，孩子就得到了一些複雜情感的體驗。就上文所說的**直男，其實就是缺乏複雜情感體驗的孩子，他們長大以後可能就只有簡單的情感。**

直男給大家的感覺往往是腦子不轉彎，不解風情，沒有幽默細胞，而且開不得玩笑。跟這種人開玩笑，由於他不能完全理解你的言外之意，所以他很可能認為你是在說他，認為你說的是真的，很可能會跟你發火。久而久之，就沒有人再願意和他開玩笑、跟他來往，這才是關鍵的問題。

有的人說：「哎，我們實在是需要這種直男，做事情認真、直率。」其實認真、直率和他不會開玩笑、不懂得變通是兩碼事。這種人不只不會開玩笑，真正的直男是真的不近人情。**中國作家木心曾說「無知的人最薄情」，這種無知不僅指不識字，還指缺乏常識，沒有見識的人。**

擁有缺乏玩耍的內在小孩的人，成年後就表現為直男，他們在人際關係中容易遭到很大的挫折。沒有女孩願意跟他交往。別人並不一定因為你做事很認真，是一個很踏實可信的人，就欣賞你。在直男的認知裡，如果他對女孩滿意，願意和她共同生活，他可能會直接在婚前甚至相親時，就對女方提出婚後如何養孩子、如何對待自己的父母之類的要求。

網路上有很多這類短片，確實反映出這類人的某些特點。男生說：「既然我們是相親，我就有話直說了」——很像直男的風格，「你一個月收入多少？」

女生說：「收入約三萬元。」

他說：「好吧，房子我有，車子我也有，你就只要生兩個孩子，然後孝順我的父母，我父母一定要來跟我住。」

女生站起來說：「哎，我不知道現在保姆的價格這麼貴了」，他聽不懂，她解釋說：「你的要求實際上就是找個保姆嘛。」

這就是直男的邏輯。他在表達自己的想法時，很少考慮對方的意見，也很少徵求對方的意見。既然是直男，那他就不用掩飾什麼，也不用客氣寒暄，他就直接開始表達了。而且他說的就是他的要求，而且他認為他的要求你就應該接受、必須接受，不需要商量。

玩耍可以培養寬廣的心理空間

孩子天生都有一定的創造力，都喜歡玩，都喜歡跟父母玩。所以一個不被允許玩耍的孩子，他內心的心理空間可能就沒有那麼大。

玩耍可以擴大一個人的心理空間。心理空間大，意味著你有更多妥協的能力、抗挫折的能力和反思的能力，這當然很重要。

有些直男只有簡單情感。簡單情感就是喜、怒和恐懼，這些動物性的原始情感。動物高興時，會在地上打滾，或者抖抖全身的毛髮；動物發火時，會豎起毛髮，瞪圓眼睛，全身繃緊，發出怒吼；動物恐懼時，會瑟瑟發抖，發出哀鳴。動物所具有的情感無非就是這些最基本的情感。

但是，人類的情感就豐富、複雜多了，我們稱之為複雜情感，例如嫉妒、憂傷等。又比如愉悅，愉悅的感覺就屬於複雜的情感，它絕不僅是簡單的高興。

舉個例子，媽媽和孩子一起玩扔球遊戲，孩子要把一個球扔到一個小洞裡去，一次沒成功，兩次沒成功，媽媽握著嬰兒的手一起推，結果成功了，這時孩子哈哈笑，母親充滿愛意地撫摸這個嬰兒。這個過程就構成了一個愉悅的狀態，這個孩子非常高興。但除了高興以外，孩子還體驗到了成就感，以及被愛撫的滿足感等，這些情感糅合在一起就構成了愉悅的感覺。你看，如果母親不跟孩子一起玩，沒有共同的經歷，他就沒有這種愉悅的感覺，也就無法產生複雜情感。

再來說說嫉妒。譬如，媽媽又給三歲的女兒生了一個弟弟，看到媽媽抱著弟弟餵他，可能就會不高興，嫉妒弟弟。

如果這時媽媽注意到了姐姐的情緒，對她說：「哎，弟弟在喝奶，你是不是也想嘗一下呀？」雖然此時姐姐已經斷了奶，不好意思喝，但如果媽媽說：「過來吧，你也喝一口」，姐姐嫉妒的情緒就會得到釋放。因為姐姐感覺到媽媽注意到自己的情緒了，而且媽媽能夠接納她的不滿，並且還表示了對她的愛和對弟弟的愛是一樣的。所以，這時她的嫉妒就變成了正常的嫉妒。

如果媽媽沒有管她，跟她說：「走開！我在給弟弟餵奶，你在旁邊轉來轉去吵到我們」，姐姐的嫉妒有可能就發展成一種病理性的嫉妒。這就會讓姐姐在看到他人獲得好處時，內心簡直像被貓抓了一樣難受，一定要去破壞它。

所以，有的姐姐說：「我抱弟弟的時候，突然手一滑，弟弟就直直地掉下去了。」這就是病理性嫉妒的表現。

玩出創造力

你可以看出玩耍是多麼的重要。如果你不允許孩子玩，其實你會讓孩子喪失非常多的心理空間。除了我們剛才說的變成直男，變成一個不近人情的、沒有反思能力、不好玩、不能開玩笑的人以外，還有很重要的一點，他喪失了創造能力。

在玩耍過程所形成的心理空間中，創造能力是重要的組成部分。通過玩耍，孩子的想像力被激發，動手能力得到鍛煉，從而創造力也會得到極大的發揮。

玩耍不僅是孩子的天性，事實上大人也是喜歡玩的。我們中國傳統文化裡的琴棋書畫，包括麻將，都是我們老祖宗留下的「玩耍」技藝、技能。當然，琴棋書畫是比較高雅的，也不能說玩麻將就是玩物喪志，就不高雅。在玩耍的過程中，人與人之間的互動可以加強人際關係，使得心理空間變得更加靈活，在這個空間中人們能夠處理現實中的一些衝突。所以其實玩耍是很重要的，尤其是在幼兒階段。

我記得有一個老師說過，你不要認為那些提著鳥籠子，到處遛鳥、不上班的人是不務正業。你首先要想一想，他哪來的能力能使他有那麼多的空閒玩。可能你是在嫉妒他有能力玩，而你沒有這個能力，你必須上班。

喜歡玩耍的人的內在小孩應該是很有趣的人。

提問

如果童年沒有好好地玩耍，甚至沒有去幼兒園，該怎麼彌補這些缺失？我就是這種人，怎麼改正呢？

我的一位同事是很厲害的教授。早年跟他接觸的時候，我就覺得他比較孤僻，而且比較容易被激怒。後來一起共事二三十年以後，他說起了這件事，他說在早年有兩件事情對他影響很大。

第一件事是他上幼兒園的第一天被別人欺負哭了，家裡的人一心疼，就把他抱回家不上學了。在家裡他當然被呵護得很好，但是沒孩子和他一起玩，所以他說他性格孤僻跟早年沒有上幼兒園有關係。上幼兒園固然會遇到挫折，有人欺負你，有競爭，可是也有另外一方面就是合作，共同玩耍可以建立友誼。

第二件事就是他媽媽去世得比較早，他很早就失去了母愛。因此他缺乏玩耍，缺乏同伴，還缺乏母愛。

他是怎麼轉變過來的？首先，他上了大學，提升了智力。一個人即使小時候缺乏玩耍，但他的內心也會和別人一樣有個愛玩耍的孩子，他覺得，「哎，原來這件事情可以這樣，那件事情可以那樣」。在大學，在以後的社會中，他可能要找到一些玩伴，或在知識追求中，他可以透過智力去彌補。

所以你可以看到一個特別呆板的人有時候也特別愛玩，這就說明玩耍的內在小孩每個人都有，只是要看接觸的人和環境。物以類聚說的就是這個意思，你跟什麼人在一起，就可能成為什麼樣子。

成年人可以去彌補，成年人的經驗和兒童的經驗也一樣，也不一樣，成年人玩相機，爬雪山，玩滑板，但是兒童玩個家家酒就行了。玩滑板也是玩，玩相機也是玩，成年人要玩的話，能玩的東西更多。總而言之，「人無癖不可交」，你要形成自己的嗜好，哪怕是很小的嗜好。

第10堂

沒有被理解的委屈感——欠缺被道歉

道歉意味著承認自己有弱點和缺點，承認自己做事不夠完美，承認自己會犯錯，承認自己做不到孩子心目中理想父母那樣完美無缺，無所不能。

從小缺乏道歉的內在小孩，會有什麼樣的表現呢？

這類人可能比較糾結、糾纏，表現為偏執型人格障礙，好像天下人都欠了他一樣。他可能經常會去投訴，一件很小的事情就能引起他的不滿。

你到外面去消費，服務生可能不小心把水灑到你的衣服上，或者可能拿錯了

什麼東西，其實你大可不必去計較，而且服務生也跟你道歉了，可是你還是不原諒對方，而且可能火氣越來越大。服務生即使再三道歉也安撫不了你。如果別人不道歉的話，你就更加得理不饒人。

我們在生活中經常可以見到這種人，如路怒症（Car Rage），可能別人在馬路上開車時只是無意地撇了他一下，然後他就開始和別人追車，最後甚至釀成車禍。

沒有道歉能力的父母

他為什麼會糾纏不休呢？就是因為他的內心存在著一個很委屈的內在小孩，存在著一個小時候父母從來不跟孩子道歉的內在小孩。

一些父母，往往做錯了事也不認錯，即使心裡明白是自己的錯，嘴上也不認錯，可能還振振有詞。有的父母到了年齡大的時候可能會間接地認錯。譬如給你做家務、幫你帶孩子，如果你問他小時候你是不是說了某句話、做了某件事，爸媽可能會一臉茫然地說：「什麼，我做了這件事嗎？」他假裝完全忘記了。這種父母是沒有道歉能力的。

其實做錯了事情不要緊，誰沒有做錯事情的時候呢？但是，父母認為道歉就喪失了自己的權威，而且他不認為父母應該給孩子道歉。

舉一個簡單的例子，如果在一九七〇年代，那時候的薪水只有幾千元，你發現一佰元不見了——在當時是個大數目，到處都找不到，你可能會懷疑這一佰元被自己的孩子偷了。你一方面為找不到錢著急，另一方面怕孩子走上歹路，就把孩子狠打了一頓，還振振有詞地教訓說：「這麼小就有偷東西的習慣，那以後還得了啊！」

可是，過了幾天，那一佰元找到了。這時候父母是不是應該去認錯呢？這時的爸媽往往不會認錯，「我打你是為了讓你知道對錯」，還繼續振振有詞。

這些父母因為礙於自己的面子，礙於自己的權威，在做錯事情時羞於認錯，甚至強詞奪理，「我是你爸，我就可以打你，而且我打你是為你好」，這都是他們常用的話。

孩子在整個過程中聽不到道歉。聽不到道歉，他心裡是有委屈的。你不要認為孩子傻，孩子不知道，父母用什麼心機，做什麼事，其實孩子都知道。長期在一起生活，孩子怎麼會不知道呢？

而且，這些孩子以後也會從父母那裡學到這一招，就是死不認錯。

道歉意味著承認自己有弱點和缺點，承認自己做事不夠完美，承認自己會犯錯，承認自己做不到孩子心目中理想的父母那樣完美無缺，無所不能。

其實，理想化父母的形象在孩子出生後幾個月後就崩塌掉了。你不可能二十四小時不睡覺，時刻滿足孩子的需要。在這個過程中，孩子已經漸漸體驗到父母不是萬能的，不是無所不知的。

所以，跟孩子認錯其實沒什麼大不了的，相反，道歉會讓孩子感受到被公正對待、被尊重，有助於孩子形成正確的是非觀。但是很多父母開不了這個口，對於孩子來說，他的內心中當然就會覺得特別委屈。

委屈感的身心症狀

在所有複雜情感中，委屈是一種特別複雜的情感。委屈常常是因為願望不僅沒有被滿足，而且沒有被看見，沒有被理解。道歉意味著你看見了他，你安撫了他，並且你還理解了他。這麼複雜的一個過程，一句道歉就能使委屈被看見、被理解、被安撫，得到釋放。

一個委屈的內在小孩，一個在委屈的過程中長大的孩子，就可能會發展出各種各樣的症狀，其中一個症狀就是經常胃疼，老是喘不過氣來。

胃是人體接納、消化並且吸收營養的場所。而委屈就是「我咽不下這口氣」。所以，委屈的情緒常常反映在消化系統上，比如胃腸脹氣，打飽嗝，吃東西的時候反酸、胃疼，腸道咕咕地叫並且時常腹瀉等，這都是委屈在身體上的表現。

如果一個孩子小時候特別委屈，還會對他的呼吸系統造成影響。有的人老是覺得氣短，時不時地就得大喘一口氣，特別是一些中老年人，總是長吁短歎，讓旁邊的人感覺愁雲慘澹，很壓抑，但他自己並沒有覺察。這未必是因為他的生活特別不如意。這個抑鬱感很可能是因為在他小時候形成了一個委屈的內在小孩。

長期感到委屈的人還會經常表現出全身的肌肉容易酸痛。委屈的背後其實是有憤怒的。有時孩子氣得發抖，不是因為他要生氣，而是因為他覺得自己的委屈沒有被看見，或者看見後沒被理解，或者理解後又沒有被安撫。

委屈，常常是被誤解，有理說不清。就像他很想一拳頭打出去，但是打不出去。於是，他就只好將其壓抑在自己身體裡。所以，委屈導致的一個很重要的症狀就是疼痛，全身的肌肉疼痛，這叫作「攻擊轉向自身」。

一個長期受委屈的人，情緒長時間得不到緩解就會將氣積蓄在身體裡面。中醫的理論中有「不通則痛」之說，因此他就產生了全身的肌肉慢性疼痛，怎麼治都治不好。因為他委屈的這口氣，沒有紓解。

對個人來說，這種委屈會造成性格的扭曲或者身體的病痛。因此，父母欠孩子的道歉十分重要，會讓孩子形成一種委屈的情結而無法釋懷，進而造成孩子身心的症狀，困擾他的一生。

在任何時候，父母的道歉都不遲。作為父母，應該有這種能力，也有這種胸襟，為自己所犯的錯向孩子真誠地道歉。

提問　心裡有委屈的內在小孩，現在已經成年了，該怎麼解決呢？

如果小時候別人欠你一個道歉，可能你心裡就會形成一個有委屈的內在小孩。現在已經成年了，應該怎麼解決呢？父母應對孩子道歉，這是很多成人的內在小孩在等待的。

我經常在工作中嘗試，看父母對孩子說哪些道歉的話，孩子比較能接受。爸媽說：「對不起」，他會說：「那我接受不了」。可是，我們在角色扮演的時候，讓一個人扮演父母對他說：「對不起」，雖然他嘴說承受不了，但是他的全身開始發抖，他的眼睛開始充滿淚水，然後淚水開始失控了。**結果發現，父母承認孩子，跟孩子道歉，他們就能夠接受。**

我們知道，就現實來說，你可以原諒你的母親，你也可以不去計較父親以前是怎麼對你的，可是，在工作的時候，走進內在世界的時候，突然那一刻，那個大人變成了一個很委屈的孩子。這個委屈的孩子聽到什麼回應的時候，他才會讓自己的眼淚奪眶而出？就是父母很真誠地對他說：「對不起，爸爸媽媽當年冤枉了你，爸爸媽媽當年不應該這樣對你。」當然還有很多其他的話語，但是所有的話語在一個委屈的孩子面前，都不如「對不起」這三個字有效。

第11堂

缺乏人際的理解——同理心不足

> 大腦中有一部分神經，會讓人們因爲看到別人做了某些事，自己也能體驗做那些事情的感覺，並產生同樣的神經反應。這種現象就是「同理心」（Empathy）。

如果一個小孩的父母在他小時候沒有與他很好的同理，那麼孩子的感覺就總是不對勁。

譬如，孩子因為肚子餓啼哭，爸媽聽到孩子哭就去給他找尿布，抱著他搖晃。因為孩子已經吃過了，所以爸媽就斷定他不是肚子餓了。但是，對於很小的

孩子來說，由於食物都是流質的，很快就會被消化完，所以需求大的孩子可能很快就會肚子餓。如果爸媽認為不能太頻繁或吃太多，孩子就總是處於饑餓狀態。

再譬如，年輕人常喜歡開玩笑說：「有一種冷，叫媽媽覺得你冷。」父母生怕孩子凍著，尤其是沒有表達能力的嬰兒，父母對孩子的穿衣格外操心，給他穿很多衣服，包裹得很嚴實。但是，孩子容易出汗，全身長痱子，皮膚很癢，所以孩子就會很煩躁，總是哭。但是，父母覺得孩子哭鬧可能跟大小便、吃東西或者其他因素有關係，他們就不會想到孩子可能是穿多了。有句老話叫作「三分寒、七分暖」，也就是要讓孩子處於微冷的狀態，而不是穿過多的衣服。

其實熱比冷要更加可怕。很多嬰兒因為不能表達，穿太多時，就會特別煩躁，而且還容易生病。

父母與孩子同理心的重要性

我舉這兩個例子是要說明，父母理解孩子的需要，瞭解孩子的感受，對孩子的需求做出正確反應，這點特別重要。

一九七〇年代，義大利科學家做過實驗，他們在大猩猩的頭上貼上電極，連接到電波顯示器上，讓實驗員在大猩猩身邊吃不同的水果，觀察大猩猩腦電波的變化。

結果發現，實驗員在吃香蕉時，看他吃香蕉的這隻大猩猩的腦電波和牠自己吃香蕉時的腦電波是相同的。實驗員敏銳地注意到這一點，並猜測有沒有可能是牠看到我吃香蕉，然後心中有了吃香蕉的意象，所以才會出現同樣的波形。

後來進一步的研究發現，**大腦中有一部分神經，會讓人們因為看到別人做了某些事，自己也能體驗做那些事情的感覺，並產生同樣的神經反應。這種現象就是「同理心」（Empathy）。**如我看到你哭，我即使沒有傷心事，也可能跟著你一起哭。歌手蘇芮有一首歌的歌詞寫道：「悲傷著你的悲傷，幸福著你的幸福」，大概就是這個意思。

之所以有這種現象，是因為我們神經系統中有一種神經元叫「鏡像神經元」。鏡像神經元不僅存在於枕葉的視覺皮質，還存在於頂葉皮質、額葉皮質。一個人看到別人在做一件事，他也沒來由地跟著人家做同樣的事，這就是他的鏡像神經元被啟動了。

其實，同理心既有生理上的物質基礎，也是一個經驗的習得。小時候，爸媽在對待孩子方面，不可能每一步都能完全正確，但是他們會在互動的過程中校正。在跟孩子的互動中，敏感的爸媽根據小孩的哭聲就能知道孩子此時此刻在表達什麼，他想要什麼，雖然外人聽起來，小孩的哭聲都是一樣的。

為什麼有的父母，特別是媽媽，聽到孩子的哭聲，看到孩子的動作，馬上就能知道小孩的需求。這就是因為她在照顧孩子的過程中培養出超強的同理能力。

缺乏同理心的人格表現

如果媽媽的同理能力特別糟糕，小孩就會有委屈感。孩子講不出來，或者講不清楚，他覺得他的媽媽不是不理解他，就是做出錯誤的反應，甚至是粗暴斥責。譬如，吃飯時，有的爸媽總是按照自己的喜好給孩子挑揀飯菜，堆在孩子面前，認為孩子就應該把它吃下去。可是孩子可能很不喜歡吃其中某一種菜色，這時如果是同理能力不強的爸媽就會堅持，甚至強迫孩子必須吃下去。

這樣的爸媽，不僅對自己家的孩子如此，有時家裡來了客人，也同樣給客人夾菜。作為客人，別人給你夾了菜和肉，你如果不吃，飯菜就浪費了，而且也很失禮，可是別人夾的菜你又不喜歡吃，就只能硬著頭皮吃一碗。可是，他又給你添了第二碗。這樣的人就是缺乏同理心，體會不到別人的感受。

那種所謂的「媽媽覺得你冷」也是如此。有的人看著現在的女孩穿短褲，就總是去問：「你穿這麼少冷不冷啊？」現在很多女孩都喜歡露腿，所以你這樣問就是沒有對她產生同理。你不說「你的腿真好看，好修長。」非要說「你這樣穿冷不冷」，這就叫同理心不足。

父母的同理能力，還會深刻影響孩子同理心的形成。父母跟孩子互動的過程是一個不斷校正的過程，「知道了自己理解得不對，然後就去改正」，或者「雖然我理解了，但我這樣做是錯的，那我換一換」。這個過程非常重要，因為校正的過程就是一個同理心形成的過程。

所以父母，如果在養育孩子的過程中沒有經歷校正過程，孩子的內心就會積累很多因為不被理解、不被看見或者沒有得到正確對待而形成的委屈感，孩子以後的心智化就得不到充分的發展，同理能力當然也就不強。

所以，一個同理心不好的父母，培養出來的孩子同理心也往往不好。這種人說話做事就容易不合時宜，和別人的想法格格不入，容易讓別人覺得這個孩子特別笨拙。其實他並不傻，智商也不低，只是同理能力比較差而已。

同理能力差的人的內在小孩總是處於特別委屈的狀態。他理解不了別人，反而老是覺得別人不理解自己，最終的結果就是他常常處於格格不入的狀態，悶悶不樂、不快活、抑鬱，而且特別容易被激怒。結果他的火氣越來越大，別人對他也是忍無可忍，這樣一來，他的人際關係就不好。

由此可見「同理心」是多麼的重要。在孩子小的時候，如果父母沒有給孩子足夠的陪伴，或者即使陪伴孩子也是以自我為中心，而不是以孩子為中心，而且也沒有給孩子很多遊戲的空間的話，孩子的心智就不能很好地發展，同理能力也會比較差。

心智化過程中，有一種偽裝模式。偽裝模式指的是，父母在陪孩子玩的過程中，模擬一些場景，編演一些情節，如孩子做一個打人的動作，父母就假裝被打疼了。父母要和孩子有很多演戲的過程，使孩子內心的想法充分表達，用誇張的動作讓他懂得那樣做的後果是什麼，孩子的心理空間就會逐漸變大，同理能力也會增強。

如果父母不能對孩子產生同理心，不讓孩子自由表達他的想法，孩子嬰兒時的很多想法和情感就會被積壓在心裡，長大以後，他就可能在語言，甚至在行為表現上特別無法同理別人。

PART Three

接納：

面對自己，你需要
給自己一個擁抱

篇・章・重・點

內在小孩情緒壓力

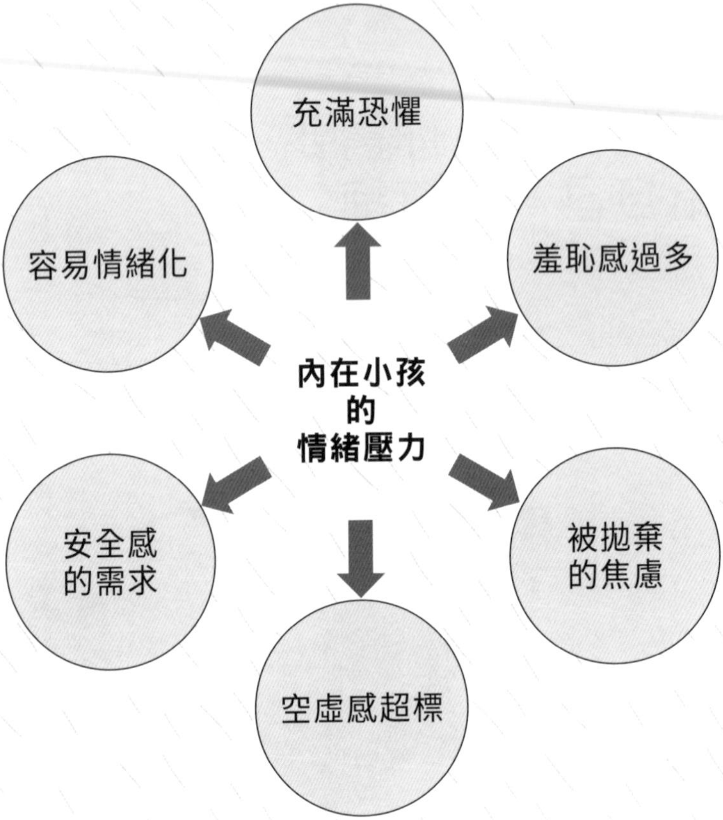

第12堂 動不動就焦慮的危機意識——充滿恐懼

早年有強烈恐懼感的人，內在有一個特別恐懼、感覺要死了的內在小孩，那麼他長大以後做的很多事情的根本和基礎都是要讓自己活下來。

本堂課我們要探討的是恐懼的內在小孩。具有恐懼感的內在小孩的人的特點是，動不動就哭鬧，感到害怕，好像天要塌下來了，或者好像周圍有鬼一樣。

這種特別恐懼的內在小孩是什麼時候形成的呢？精神分析的理論將此追溯到童年的內在衝突。早期，佛洛伊德將其追溯到三歲至五歲的時候，後來梅蘭妮・

克萊恩（Melanie Klein）把兒童的內在衝突追溯到一歲以內。有一些做兒童精神分析的人，把嬰兒時期的及出生前的一些恐懼都算進去了，如一個出生以後就哇哇大哭的孩子就可能被稱為「恐懼的內在小孩」。

與生俱來的存在恐懼

恐懼的確可能是與生俱來的。奧托・蘭克（Otto Rank）在《出生創傷》（The Trauma of Birth）中描述了這一狀況，因為在胎兒時期，孩子在媽媽的子宮裡處於漂浮的狀態，不需要呼吸，也不需要吃東西，所有的營養都通過臍帶運輸到胎兒體內，所以他在母親肚子裡的十個月是非常安全、非常自在的。

但是，在出生的過程中，他就會感覺很不一樣。出生其實是很令人恐懼的事。首先，子宮開始收縮，然後胎兒要下墜到盆腔，所以，整個過程中，胎兒會有缺氧的感覺以及被壓縮的感覺。然後他整個人要進入一個狹窄的產道，他要出來就會有強烈的被擠壓的感覺。

嬰兒出生之前的環境是沒有光線的，所以他的世界是寧靜而黑暗的。但是從母體出來以後，環境發生了巨大的變化，陌生的聲音、陌生的光亮，都會使他感到不安。

嬰兒出生以後，就連他的第一口呼吸其實都是充滿恐懼的。嬰兒在子宮內，是不用呼吸的，他體內外的壓力是一樣的。但出生的那一瞬間，他的肺裡完全沒有空氣，外界的氣壓對他來說是不舒服的，是恐懼的。

我們可以自己測試一下，把頭埋到裝滿水的臉盆裡，測試自己憋氣的時間長短，憋氣時間越久，其實越恐懼。我們把這種恐懼稱為存在的恐懼。嬰兒在出生時，如果環境比較惡劣，就會感覺到巨大的、壓迫性的存在恐懼。這種恐懼來自生命本能的求生欲望，害怕自己活不下來。

危機意識高張的生存恐懼

剛才描述的只是正常分娩過程帶給內在小孩的存在恐懼。事實上，在母體內的胎兒時期，也有很多情況會引發存在恐懼，比如母親的健康狀況不佳，或者母親的情緒不穩定等等。

舉例來說，一個有心臟疾病的媽媽懷了孩子，這個媽媽很勇敢，冒著心臟病併發的巨大風險，也要把這個孩子生下來。但是因為媽媽的心臟功能有問題，供血本來就不穩定，加上媽媽的擔心也常常造成心跳加快，這個孩子在胎兒期間時而感覺供血不足，時而感覺血壓太高，這種不穩定就會造成內在小孩的存在恐懼。

除了身體健康問題，孕婦的情緒也會對嬰兒內在小孩的生存恐懼產生影響。我們常說孕婦要保持好心情，就是出於這個原因。

曾經有一位媽媽帶著一個三四歲的孩子來找我看病。因為這個孩子在幼兒園裡出現了嚴重的打人行為，經常打人，跟其他孩子的關係很差。

我和孩子交談的過程中，孩子給我講了一個他的夢境；他夢見有大怪獸在追他，媽媽也在他夢裡，大怪獸在追自己，媽媽卻不管他。這個媽媽說，她三十六歲時懷了這個孩子，當時她還沒有結婚，因為年齡比較大了，所以她就想生下這個孩子。於是，她向孩子的父親提出結婚，兩個人結婚其實是不情願的。在她懷孕六個月時，他們大吵了一場，爸爸提出離婚。

我們想一想這個過程，這位媽媽很想要這個孩子，她認為要這個孩子就得要這段婚姻。可是婚姻保不住，這個孩子到底要不要留呢？她一直都處於這樣一個搖擺和矛盾的狀態。最後雖然生下了這個孩子，但到了三個月以後，因為這個孩子長得跟他的爸爸一模一樣，這個媽媽就不由自主地常常把對孩子父親的憤怒轉移到孩子身上，對孩子的態度時而慈愛，時而生氣。

於是，這個媽媽的表現就是，好的時候是一個特別好的母親，壞的時候也就成了一個特別壞的母親。孩子才一兩歲，她就把他關在門外罰站，一兩個小時都不讓孩子進門，有時候還打孩子。所以這個孩子常常處於非常恐懼的狀態。那麼，他用什麼方法處理自己的恐懼呢？透過做夢。夢中的大怪獸就是這種恐懼的具象化。

所以，兒童往往特別喜歡動畫片中出現的鹹蛋超人、恐龍等內容。因為孩子內心有無形的恐懼，這種恐懼的具象一般就是特別大的怪獸。當然，在動畫片裡，還要有一個幫助者，一個好人或者英雄，或者爸爸媽媽來保護他。而在這個孩子的夢裡，他的媽媽在一邊不管他，在現實中，他的媽媽也是如此，最後他就出現了特別嚴重的身心症狀。

當他長大以後，最突顯的表現就是惶惶不可終日，總覺得有災難要發生，不是地震就是車禍等。他對電視、報紙等媒體報導的災難性事件特別感興趣。這就叫作「生存的恐懼」。

他對孩子的教育也總是以這種方式來進行：你不能這樣、不能那樣，不然就有什麼可怕的事情發生。所以他的內心總是有一個編好的劇本——災難要發生。災難要發生在我們的身上，我們就要做好準備，所以他的自我保護特別強，疑心病特別重，在家裡準備很多用來防身、逃生的東西，儲備的食物也特別多。

這種人特別適合做治安管理員、消防員、社區裡的管理員，每天晚上巡邏提醒居民防火防盜、注意爐灶等工作，他們能做得很好。因為他們安全意識特別強，他內心裡有一個認為隨時有危險發生的、恐懼的內在小孩。

人生以滿足生理需求為目的

因為這種心理來自特別早期的體驗，所以我們幾乎無法說服他擺脫這種體驗。他對人生的基本生計特別感興趣，一定要保證自己吃好喝好穿好。電視劇「都挺好」的角色裡，爸爸蘇大強就是典型的例子。他在老伴去世之後，就變得「狂野」起來，開始放縱自己，看起來很自私。他總是「製造問題」，這其實和他的生理需求有關。

這種人的生理需求很旺盛，對吃特別感興趣；但只要求穿暖，對時尚不感興趣；要把身體照顧好，如喜歡去按摩，也就是一定要充分滿足基本的生理需求。他的內在小孩有一種強烈的懼怕死亡的感覺，其想要活著的欲望特別強烈，絕對不會參加探險、極限運動之類的危險活動。

所以，我們可以得出一個結論，早年有強烈恐懼感的人，內在有一個特別恐懼、感覺要死了的內在小孩，那麼他長大以後做的很多事的根本和基礎都是要讓自己活下來，至於活得好不好是另一回事，總之一定要先活下來。

我們在現實生活中也可以看到這種人，甚至可以回憶我們自己小時候出現過的獨特的死亡恐懼。由於這種恐懼遺留於內在，我們也會做出一些獨特的行為。

提問

如果有恐懼的內在小孩，到底該怎麼辦呢？如何幫助內在小孩釋放恐懼？

回到我說的依戀關係。換句話說，你要扮演一個母親，或者要扮演一個環境母親，怎麼做？

第一點，要皮膚有接觸，你要抱著一個孩子，我曾經說過，這個孩子會退化到一個原始的狀態。依戀關係、依戀行為，都有一個擁抱反射，所以你要去抱他。有的時候你抱著孩子，孩子會哇哇大哭，甚至把你推開，這時你要抱他抱得更緊。

第二點，你不要再罵他了，也不要跟他講道理。在一個孩子有巨大的恐懼時，他是聽不進去道理的。這時候應該和他講一些簡單的話語，叫他名字，「小明，乖，媽媽在這裡」，反覆叫他的名字，讓他「不要害怕」。你不要講特別複雜的情感，這時候連講故事都不要講，你只需讓孩子聽到你講話的聲音，然後柔聲地說些安撫的話語：「不要怕，媽媽在這，這沒什麼可怕的，可怕的事情不會再發生，有媽媽在都不怕。」就這麼簡單。

第三點，要給孩子喝點甜的東西，因為在面對巨大恐懼的時候，人體會分泌去甲腎上腺素，血壓會瞬間升高，會出汗，會出現顯性和隱性的脫水現象，隱性脫水就是呼吸急促、水氣從口腔裡呼出去，他一下子就會感覺到口渴，然後他的恐懼會導致他的皮質類固醇上升，身體開始出現抑制，他會感到冷。

這時候你要給他喝些溫水、甜水。如果是秋冬季，你就給他裹一條毛毯，然後抱緊他，就像動物回到原始狀態。他一定要有包裹才會感覺到安全，有溫暖的感覺。所以，毛毯對小孩來說要常備。小孩哭的時候，如果天氣不是很熱，任何時候你都可以把它披上，因為他哭的時候有顯性和隱性脫水，恐懼容易散失熱量，也容易引起感冒。這些其實都是媽媽對孩子要經常做的事情。這個事情一做，就可以很快將孩子安撫下來。

第13堂

總覺得自己很丟臉——羞恥感過多

這種有著充滿羞恥感的內在小孩的孩子，如果得不到鼓勵、得不到愛，當孩子覺得自己活著毫無意義的時候，最極端的表現就是「我不要活了」。

在辱罵、羞辱、評判的環境中長大，不少人認為：沒面子、丟臉是羞恥的一種體現。「你這個人知不知道羞恥」還是比較文雅的說法，在口頭上常說的是「你要不要臉」、「你丟了我們全家的臉」、「你應該找個地洞鑽進去」、「你活著有什麼意義」。

從這些話中，我們能看到，羞恥是以人的個人價值和自尊為代價的。跟羞恥感相關的一個名詞是內疚感，內疚感就是你為自己的言行感到後悔，特別希望有機會去彌補自己的過錯。

內疚感和羞恥感可能在東西方文化中不太一樣。一般來說，在西方，這種感受是內疚感，叫作「罪文化」；在東方，則是羞恥感，叫作「恥文化」。

內在充滿羞恥感的行為表現

我們看到別人家的孩子做錯事，就會這樣質問：「你想想你的父母，你這樣做，不會覺得自己很無恥嗎」、「你想想你的父母、想想你的家庭，你這樣做不覺得丟了你父母的臉嗎」，這背後的基礎就是「恥文化」。所以，在一個孩子很小的時候，羞恥感就已經在他們內心培養起來了。如果一個人的內在小孩是一個充滿羞恥感的內在小孩，那麼他會有以下幾個表現。

第一個表現是「**缺乏自信**」。內在小孩充滿羞恥感的人，在人前總是覺得自己講話有錯，總是覺得自己做不好、做不到、做不對，總擔心別人會嘲笑自己。

講一句話就臉紅，講什麼話都瞻前顧後，久而久之，養成遇事就往後縮的習慣，當然也就不會有良好的社交能力。

第二個表現是「**膽小怕事**」，缺乏反抗精神和自我防衛能力。由於內在小孩充滿羞恥感的人在成長過程中的需求不斷被拒絕，言行不斷遭到否定，他漸漸就變得不敢表達需求，不敢輕舉妄動，更不敢反抗比他強有力的人，所以他在別人面前總是表現得唯唯諾諾。

我們可以推測，一個在學校經常被霸凌的孩子很有可能是一個內在小孩有極強羞恥感的人。他受了別人的欺凌，回家後還不敢把自己受欺負的事情告訴父母，因為他覺得這種事丟了父母的臉。所以，在學校裡不管他被別人如何霸凌，他都不說；別人也似乎找到了這個弱點，覺得這個人很好欺負，欺負這個人從來沒有風險。這類孩子長大以後也往往會被別人輕視；工作中好事輪不到他，苦活累活、出力不討好的活都叫他去，別人都不把他放在眼裡。

第三個表現是「**低自尊和自我價值感低弱**」。內在小孩充滿羞恥感的人長大後，自我評價很低，總覺得低人一等，活得很卑微，這使得別人往往也輕視他，他的存在感也就特別弱。

佛洛伊德曾經描述過，**一個人的自我價值感根基於早期他的父母是如何照顧他的。**如果父母對他比較和藹、溫和，他就可以把這種和藹、溫和內化到內心中。這樣一來，自己就變成一個有意義的個體。如果父母經常羞辱他，經常限制他、控制他，使得他形成充滿了羞恥感的內在小孩，他就會不知道自己存在的意義。

這樣一來，**在他的內心，父母就成了他感受自我價值的參照系統。因此，現實中的爸媽如果離開就使得他無法忍受，他就會從此變得特別抑鬱。佛洛伊德把這種情況描述為一個被抽空的自我，也就是他的內心非常空洞和空虛，因為他失去了生命意義的參照系統。**

由此看來，如果一個人擁有充滿羞恥感的內在小孩，那麼他的自我價值通常是跟別人有關係的。**這就是所謂的「他我」，指的是你不是你自己，你活在他人的世界中。他人怎麼看你，構成了你的世界。**很多人做事情、做選擇時往往會想，爸媽怎麼看我、別人怎麼看我，反而很少思考我自己是不是想這樣做。

當然，從某種意義上來說，這種從別人的角度考慮問題的視角，構成了一個家庭內部關係的連結，這種考慮他人的文化也有好的一面。但是，如果一個人完全活在他人的眼光之中，一旦這個「他人」在現實中突然消失了，這個人的內心就會變得空空如也，找不到自己的價值。典型的狀況就是父母去世後，這個人的內心就會完全被掏空。

第四個表現「**常常悲觀厭世**，**甚至抑鬱**、**自殺**。」所以，我們在教育孩子時，經常說孩子：「你要不要臉」、「你丟了家人的臉」、「你這樣做，對得起你的父母嗎？」、「你給我去死！」，這些言語都是非常糟糕的。

我記得有一個孩子，他大概是在國高中時嘗試自殺。他就說：「如果我死了，你也不要找我，我不要再看到他們了。」他自己從小被父母拋棄、虐待、暴打，因此他對父母充滿了憤怒。

你或許要問，內在小孩充滿羞恥感的孩子會有憤怒嗎？有，但是**他的憤怒常常是指向自己的**。所以當他已經上了國中，他的父親還經常羞辱他、打他，他就痛恨自己太無能、太無力，活得太沒意義，最後就自殺了。

所以，這種有著充滿羞恥感的內在小孩的孩子，如果得不到鼓勵、得不到愛，當孩子覺得自己活著毫無意義的時候，最極端的表現就是「我不要活了」。

第五個表現是羞恥的內在小孩有時候反而「**表現出完全相反的行為**。」在精神疾患中有一種症狀叫躁症，在躁症中，有幾個細分症狀分別叫作**鍾情妄想**、**關**

係妄想和被害妄想。這是有羞恥感的內在小孩的完全相反的一種表現形式。

可能他看到任何人，都說我愛你、我想你，這是鍾情妄想。在所有的關係中，他都覺得別人對他有意思，別人在愛著他，這就是關係妄想；或者別人可能要害他，這就是被害妄想。這些妄想實際上是由於情緒被嚴重壓抑而發生的內在抗爭。

在躁症出現時，他的情緒特別亢進，人與人之間的關係特別膚淺。譬如，他看到人就滿臉笑容，特別熱情地對你講很肉麻的話；當你覺得他充滿熱情、亢進時，他很快就轉到另外一個話題，或者將注意力轉到另外一個人身上。

以上羅列的這些，都是有羞恥感的內在小孩常有的外在表現。充滿羞恥感的內在小孩雖然一方面有種種負面消極的影響，但另一方面，羞恥感也是形成自尊的基礎、實現自我價值的動力和防止走向墮落的安全防線。所以，有必要保持一定程度的羞恥感，它是一個人的道德底線。

提問 小時候總被家人調侃大腿粗、性格柔弱、不會反抗，長大後覺得自己不優秀、自信心低落、很受傷。怎麼擁抱自己的內在小孩？

這個問題，是在尋求一種解決途徑，就是如何擁抱自己的內在小孩。我們要講的就跟治療方法有關係。

這是你自己的過去，是你的內在小孩，所以最好用成人的你去安撫過去的你。想像一個受傷的內在小孩在無助地哭泣，那麼這時候已經長大成年、有力量的你過去把這個孩子抱住，然後對他說如下的話語：「雖然你現在這麼孤獨，但是不用害怕。你看若干年後的你就長成了我現在的樣子，而我有力量來支持你。」用現在的語氣安撫過去的你，這是最有力量的。

第14堂 逃避的依戀關係——容易有被拋棄的焦慮

如果一個人的內在小孩有被拋棄的感覺，他在現實中呈現出來的就是一種逃避型的依戀關係。發展親密關係時，他經常呈現出一種拋棄和被拋棄的關係。

從內在小孩的角度來說，有被拋棄感的內在小孩並不少見，其中一個典型的群體就是留守兒童。父母離開家鄉外出工作，並不是不要孩子了，但是有的孩子就會感覺自己被拋棄了，並因此形成了有強烈被拋棄感的內在小孩。

舉個例子，有一個男孩，他的父母都到北部工作，孩子留守在家鄉。在他五歲那年的春節，他的父母回家過年時帶回來一個小妹妹。小妹妹兩三歲，穿著很漂亮的衣服。男孩覺得父母在外面一定生活得很好。

男孩特別渴望爸媽能把自己也帶走，但是爸媽並不打算帶著他。到了爸媽又要離開家外出工作的時候，男孩跟在爸媽身後一路哭著喊著追到巷口，拉著爸媽的衣服，求他們帶自己一起走。

他說他記得很清楚，這就是被拋棄的感覺，就是覺得自己不被需要，而且覺得自己被嫌棄。

內在充滿被拋棄感的創傷表現

如果一個人的內在小孩有被拋棄的感覺，他在現實中呈現出來的就是一種逃避型的依戀關係。發展親密關係時，他經常呈現出一種拋棄和被拋棄的關係。

如上文提到的那位男孩，他每段戀愛的時間都不長，可能兩個月，也可能幾週，最長的半年。我問他：「為什麼這樣呢？」他說：「因為我害怕被拋棄，每當我跟別人發展出親密關係時，就有一個聲音說，這個人要拋棄我了。」

因為以前被父母親拋棄的記憶太深，對他來說，一旦形成這種親密關係就意味著可能再次被拋棄。所以他要先發制人，在對方拋棄自己前，先拋棄對方。還有些人特別會作態，好好的關係，他一定要找些千奇百怪的理由破壞掉。這其實是一種逃避型的依戀關係，害怕被拋棄。由於這種害怕，一個人就無法形成長期穩定的依戀關係。每當關係變得親密時，他就開始逃避。

維持安全距離的銀行家

我再舉一個國外的例子。有一個在銀行工作的高接主管，患有嚴重的憂鬱症，憂鬱到要自殺，於是去尋求心理治療。但是經過心理治療，他的憂鬱症卻更加嚴重了。

他曾經結過一次婚，有兩個孩子。後來他又找了個女友，他的女友覺得這個人也不錯，但就是好像總跟他親近不起來。她要約會，他就跑去工作。所以女友經常抱怨，建議他做心理治療。心理治療師建議他最好和女朋友結婚，要有比較親密的生活、享受生活。可是在心理治療的過程中，他的問題加重了。

這位治療師就把他推薦給另外一位經驗特別豐富的治療師。他去新治療師那天是週五，按照常理來說，治療師應該把他留住院。因為讓他在家過週末會有自殺的風險，住院可以預防自殺，他就更加安全。

但是，這位經驗很豐富的治療師在瞭解情況後，就對他說：「你現在回家，週一去上班，週三再來找我。」這樣做不是很危險嗎？可是，週三過來時，他的情況好多了。

我們就問這位治療師，你為什麼冒這麼大的風險這樣做？治療師分析了這名個案的情況，給出了解釋：「這位病人小時候被父母拋棄，被別的家庭領養，領養的家庭又虐待他，對他有暴力虐待，甚至包括性虐待。他曾在三個領養家庭待過。也就是說，他不只一次遭遇了拋棄，生活環境不穩定，又接連遭遇暴力和虐待。從九歲多開始，他變成了街頭混混，參加了幫派。十三歲後，他決定開始努力學習。此後，他順利地進了國中、高中、大學。大學畢業後他開始工作，他的工作能力很強，三十歲時就當上了一家私人銀行的執行長，管理一個八十人的團隊。」

按照治療師的理解，因為這名病人在幼年不斷體驗被拋棄的感覺，所以他不喜歡跟別人太親近。因此，當他的女友和前一位治療師建議他跟人親近時，他就產生了強烈的即將被拋棄的恐懼感，特別是在親密關係中。正是因為這種被拋棄感，他跟第一任妻子離了婚。現在，他的女友又希望和他親近一些，結果越親近他就越恐懼。

那麼，當銀行執行長是什麼感覺呢？他經常自己一個人待在辦公室裡，處理日常的事務，平時沒事情就不會被打擾，又可以看到人，與人又不是特別近，而且還有距離，一般人也接近不了，這份工作非常適合他。所以，治療師就覺得工作是他的資源。工作時的人際距離正是他需要的一種安全距離。

尊重與理解有被拋棄感的內在小孩

一個人如果在幼年被拋棄，就會產生對別人的敏感和不信任、對親密關係的懷疑，這可能會影響他日後的人際關係。在人際關係中，太親近會讓他特別恐懼和不舒服，所以和這種人相處，要保持一定的距離，不要期望與他有太親近的關係。

有被拋棄感的內在小孩，常常有一種自己要拋棄別人和自己被別人拋棄的聲音。當然，在人際關係中，**我們要理解這一點：有的人並不喜歡人多，有的人喜歡獨處，這有可能是他的性格使然，但是也有可能是他的早年創傷所致。所以，我們要學會尊重別人的一些特質。**

當然，也不是所有幼年遭遇過拋棄的人都害怕親近關係。事實上，也有些幼年遭遇過拋棄的人，反而總是特別渴望和別人親近，這可能是被拋棄感的反向力使然。總之，如果一個人的心裡住著一個有被拋棄感的內在小孩，他的內心會有一個無處不在的陰影。

有些孤兒在找結婚對象時，也想要找同是孤兒背景，也就是結婚的條件是對方也沒有父母，兩個人都是被拋棄的，他們對被拋棄有一種認同。他們還可能決定不要孩子，因為自己的幼年經歷太痛苦，他們發誓不讓自己的孩子重演這個悲劇，那麼絕對能避免這個悲劇的辦法就是不要孩子。

當然，更多的情況是孤兒成家後有了自己的孩子，生活也很幸福。但是，他們內心的「被拋棄情結」是一直都會存在的。

提問 小時候經常被調侃不是親生的，總幻想自己的親生父母在另外的地方，這種感覺也是被拋棄感嗎？怎麼消除這種感覺呢？

一個小孩感覺到自己得到的陪伴不夠、被愛不夠的時候，他就會在內心尋找一個更理想的父母，這個叫作自戀的想像。這跟自大是一回事，只有這樣想像他才有一對父母能夠在他內心中照顧他，所以我們可以說這是孩子的特殊防衛，他必須有這種想像。

如果成年後還有這種想像，就屬於一種精神病的症狀了，我們稱為「非血統妄想」，懷疑自己不是親生的，懷疑自己是被父母撿來的、偷來的，自己另有親生父母存在。這種非血統妄想，源自小時候被父母拋棄或父母陪伴不夠等。這種人有的會去安置機構工作。因為那裡可能有很多孤兒，他去照顧別人的孩子、去陪伴。還有一些對動物特別有愛，收養寵物，對照顧別人特別熱心。所以這種人在社會上是很有正能量的。但是，有時候他們也做得比較過度，在照顧別人的同時也去控制別人。

修復被拋棄的感覺，雖然有昇華的途徑，但是我認為，最根本的還是要去建立一些親密關係。一個是建立戀愛關係，不過戀愛關係對他來說可能會一再重複，因為不是他拋棄別人，就是別人拋棄他；另一個就是做心理治療，尋求專業的協助。

第15堂 缺乏生活體驗——空虛感超標

如果一個人什麼癖好都沒有，大致就可以推斷這個人的內在是空洞的。一個對什麼都不感興趣的人，覺得周圍的事物和人都是可有可無的，對任何事物和人都是不會用深情的。

一個人如果有一個空洞和空虛的內在小孩，就是一個無趣的人。這種人往往沉默寡言，和別人相處時感覺無話可說，似乎在他的大腦中沒有任何的閱歷，白紙一張空空如也。同時他又很無趣，其實也是一個很無助的人。

那麼，空洞空虛的內在小孩是怎麼形成的呢？

孩子的成長需要有一個範本，這種行為叫作「**模仿**」，嬰兒最早的成長是模仿。譬如，媽媽在他面前露出笑容，他也露出笑容，然後媽媽在笑，他也在笑。我們都很熟悉一個情景：媽媽對著孩子露出表情做動作，然後孩子也對著媽媽露出表情做動作。

有時，媽媽的動作雖然看似毫無意義，但是對於孩子的內心是有意義的。這個意義就是愛。相反，如果嬰幼兒的成長過程中缺少陪伴，或者陪伴的人沒有表情，沒有什麼動作，這個孩子就缺乏模仿物件，感受不到被愛，他的內心就是空白的、空虛的。

營造母親環境幫助孩子建立情感連結

舉例來說，我們做過一個嬰兒觀察的實驗。有一個媽媽抱著孩子，這個孩子有五六個月大。孩子躺在媽媽的懷中喝奶，閉著眼睛，這個媽媽認為孩子睡著了，其實這個孩子還在喝奶，嘴巴還在動，但是眼睛閉上了。所以，媽媽就拿起手機，這個孩子似乎是有意不讓媽媽看手機，會伸手撥開手機。我們可以注意到，孩子很希望媽媽能把注意力放在自己身上。

這一點很多媽媽是做不到的，她們認為小孩什麼也不懂。而其實，孩子的潛意識一直是清醒著的，並且渴望和外界和媽媽進行連結。所以，媽媽陪孩子需要用心，讓孩子感覺到你在陪他。如果母親不用心，孩子會感覺到自己的內心沒有被注入情感，會形成一個空洞和空虛的內在小孩。

溫尼考特提出過一個概念為「過渡性現象」，過渡性現象就是母親和孩子互動的一切，這些又構成了一種環境，我們稱之為「母親環境」。

母親環境就是媽媽的聲音，媽媽對孩子照顧的習慣，比如手法輕柔，總是要抱著孩子親一下，總是在孩子洗完澡後把頭埋到孩子的肚皮上蹭，讓孩子癢得發笑，用一隻手托住孩子的小腳，讓孩子模擬跳躍的動作，或者是餵奶的溫度，媽媽和孩子說的話等，這些就是母親環境。

而廣義的母親環境，還包括母親之外與孩子緊密相關的事物，譬如，有些外婆每天在搖著孩子睡覺時都會給他講個故事。這些東西全部構成了孩子內心的記憶。

養育孩子不是簡單地把孩子養大，而要在這個過程中，讓孩子逐漸感覺到聲音、腔調、味道，進而慢慢地聽得懂、看得懂照顧者對他的態度和情感，而其中他

最應該感受到的就是「我是被需要的，我是被尊重的，我是被愛的」。這個過程就是心智化的過程，孩子在這一過程中感受到了情感的連結。

培養同理心的能力

建立這種情感的連結的過程中，母子之間就形成了依戀，也就是孩子希望永遠擁有這份滿滿的被關注感和愛。在這個情感連結的過程中，母子之間也形成了很重要的互動與同理。媽媽跟孩子之間雖然沒有講話，但是媽媽知道孩子在想什麼，孩子想讓媽媽知道自己在想什麼；同時，他也知道，媽媽知道自己在想什麼。

我們的一生中有兩次發展同理心能力的機會。

第一次在我們的嬰兒時期，這個時候，我們的父母如果對我們很好，那麼他們就會教會我們同理。

第二次在你有孩子的時候。因為嬰兒不會說話，他的需求只能通過哭聲、表情、身體扭動來表達，你在照料他的過程中，必須靠自己的仔細觀察和悉心揣測去探求。在日復一日努力弄懂孩子的各種需要的過程中，你會漸漸地發覺自己對別人的情緒更敏感了，更能懂得別人言語背後的訴求。

當然，也可能會發生這種情況：在你自己的嬰幼兒時期，由於缺乏良好的母親環境，所以心智化沒有得到充分發展，腦袋空空如也，也就是說你有一個空洞和空虛的內在小孩，那你就不知道怎麼去對待孩子了。

內在空虛形成生活常識與閱歷的缺乏

與內在小孩空洞和空虛的人交往，你會發現他非常缺少常識。我們常常說的知識有三種，一是生活的常識，二是我們學的書本知識，三是我們人生的一些經驗。這種內在小孩空洞空虛的人往往這三者都缺乏，其中最缺乏的就是生活常識。

因為生活常識大多是父母在和孩子互動的過程中教會孩子的，如果父母沒這個能力，也沒有這個時間，甚至沒有意識去陪孩子、教孩子，孩子當然就會缺乏生活常識。而書本知識的獲得，是靠自己去讀書學習，自己去理解，所以這種人可能並不缺乏書本知識。他說起物理、數學頭頭是道，但是他不懂得人之常情，社會經驗就更談不上了，因為沒有人願意陪他玩，所以他就缺乏人生的閱歷，缺乏人生的體驗。

所以我們在臨床上看到，從常識、知識和社會閱歷上來說，有很多人是缺乏生活常識和閱歷的。有一句話是「人無癖不可交」。如果一個人什麼癖好都沒有，大致就可以推斷這個人的內在是空洞的。一個對什麼都不感興趣的人，覺得周圍的事物和人都是可有可無的，對任何事物和人都是不會用深情的，所以「不可交」。從另一個角度講，「無癖」也是缺乏生活情趣的表現。

一個人有嗜好、有癖好，那麼他的內心必然是豐富的，這個人就會很有趣，他對自然、對人充滿好奇，他有無窮無盡的故事可以告訴你。

印象中，早年有一項調查，問題是「如果在去火星的路上要花幾年，你願意帶誰一起去？」有個女孩的回答很有意思，她說：「我願意讓金庸跟我一起去，因為金庸在路上可以不停地給我講故事，這個旅途就不是那麼枯燥。」作為父母，自己要變得比較有趣，成為孩子的好範本，才能培養出內在充實而又有同理能力的孩子。

第16堂

高敏的感受力——安全感的需求

這一類人就是我們所說的高敏感型的人，他對外面的聲光氣味等資訊的感覺精準度、處理速度、感受深度、感知範圍，都遠超乎一般人。

有的孩子生下來後很安靜、很乖，不愛哭，他好像很怕麻煩別人，好像在這個世界上不存在一樣，所以有的孩子的爸媽會說孩子很好養也不煩人。但是反過來，也有一類嬰兒整天哭鬧不已。

為什麼有的嬰兒特別愛哭鬧呢？箇中原因不一而足。嬰兒的高度敏感、生存焦慮、不被理解、分離焦慮，都有可能引起他的不停哭鬧。

高敏感孩子的特點

我的一位同學說，他的孩子就很愛哭鬧，以致他必須整夜抱著孩子走來走去。他說他的孩子能感覺到他膝蓋彎曲的角度，不能超過十度，否則孩子馬上就哭。我們稱這類孩子為：**高敏感型或超敏感的嬰兒**。

這裡所說的敏感，首先是指生理上比較敏感。據說如有自閉特質的嬰兒就比較敏感。其中，亞斯伯格特質嬰兒是指智商超乎常人、可能會有一些特殊天賦的孩子。這類孩子的一個特點就是他們對外界資訊的感知能力要遠遠高於我們正常人。

如我們在上課時，不一定能聽到外面的聲音，除非你轉移注意力。我們在看人看事時，只能看到其中的某一部分，不一定能看得到細節。但有的人就能捕捉到每一個微弱的聲音、每一點細微的變化和差別，對人、對事情明察秋毫。

一部間諜電影中有這樣一個鏡頭：間諜看似漫不經心地從一樓上到三樓，但隨後他能詳細地說出二樓的某一個房間，開著的門以及房間內的陳設，像一台照相機般把細節都記得清清楚楚。

這一類人就是我們所說的高敏感型的人，他對外面的聲光味等資訊的感覺精準度、處理速度、感受深度、感知範圍，都遠超乎一般人。

在巴黎就有一位自閉特質的人，他在高樓上往下看一眼，就可以把全巴黎都畫出來，每一個細節，包括每一個街道、每一座房屋的結構都精準無誤。這是一般人無法想像的。

為什麼一般人沒有這麼敏感？就在於我們的大腦會過濾一些資訊，處理資訊有一定的容錯範圍。而高敏感型的人對資訊的感知是纖毫畢現的，不主動消融偏差，反而把細節放大突顯。這樣的結果就是他對外界缺乏容忍度。

眼淚的意義：孩子哭鬧的原因

再回到愛哭鬧的嬰兒這個話題，**第一類情況即因為嬰兒的高敏感度**。高敏感型的嬰兒對於周圍的聲音、味道，自己身體的乾濕冷暖，衣服、被子的輕重鬆緊等都特別敏感，這些條件一旦偏離他的喜好，他就要哭鬧以表達不滿。

孩子愛哭鬧的**第二類情況是他的內心有一種強烈的存在焦慮感**。有一位學員說因為自己是個女孩，她的外婆自殺了，她的奶奶和她的媽媽都想把她送走。她成天哭鬧，送也送不出去。她的爸爸在她剛出生的前幾個月都不在家，等她的爸爸回來打開她的襁褓後，看到她皮膚上長滿了疥瘡。

我們可以想像她的媽媽是如何照顧這個孩子的，她的媽媽根本就不管她，沒讓她死就算好了。所以，這個孩子整天處在一個奇癢無比、難受無比和被拋棄、被嫌棄的狀態。

我們有時候會說孩子的哭鬧是生命力的象徵。比起那種特別安靜的孩子，哭鬧的孩子更可能感受到了自己的生命受到了生存威脅，他在呼救，他在抗爭，他要活下來。

有時候，我們會聽到一些特別淒慘的故事。如有孩子被扔到廁所裡，被人發現後救起來，是他的哭聲引起別人的注意才保住了性命。哭鬧是孩子求生存的一種本能，所以，當他感受到自己的生命不安全時就會哭鬧。這是存在焦慮的表現。

也有時候，孩子哭鬧的**第三類情況他的情感沒有得到正確理解**。一位同事說，他老婆每個星期都會幫孩子錄影，我們就隨機拿來看。有一次，大概在孩子三四個月大時，她把孩子臨時交給她表姐照顧，她下樓吃飯，離開了不到半小時，這孩子就哭得一塌糊塗。她表姐打電話讓她上去，她上去就開始哄孩子，孩子依然不停地哭。她講了一句話引起了我的注意，她說：「哎呀，你受委屈了，我的小委屈啊。」

這時孩子的哭聲裡有特別多的委屈，他總覺得自己沒有被理解。如果每個母親都像這個母親一樣能夠理解孩子，並且能給孩子的情緒命名，孩子就會覺得：「好，媽媽懂我了」，那麼孩子就會很少哭，因為他不用哭，他的表達媽媽都能理解。

但是有一類母親總是不到位，她不是人不到位，就是心不到位。這樣，孩子當然就容易感到憋屈，經常哭泣。所以我們經常看到，一些媽媽會說：「你要再哭我就不要你了」、「你要再哭的話，我就把你扔給狼外婆」；這樣嚇唬孩子。但你要是不許孩子哭，只會把孩子嚇得更厲害，讓孩子哭得更加厲害、持久，難以緩和，難以把他哄好。

那麼**第四類情況就是哀傷**，**害怕分離**。所有的心理歸納起來，孩子的創傷都是一種分離反應。如果孩子小時候經常處於一種動盪的狀態，譬如被送來送去，環境變來變去，身邊的人換來換去，換保姆、換房子、換住家、換照顧者，這種孩子也容易哭泣。哭泣是因為對分離的恐懼。

如果家裡有一個特別愛哭鬧的孩子，我們經常會認為這個孩子很難養，這個孩子的母親也會很挫敗：「他為什麼總是哭？他哭得好煩，我怎麼遇到這麼難帶的孩子啊？」其實，從上面的分析不難看出，**孩子的哭鬧不外乎是他的生理和心理需求沒有得到滿足，特別是安全感沒有得到保障。存在焦慮、分離焦慮，歸根究柢是沒有足夠的安全感。**

建立充滿愛與安全感的環境

那麼，怎樣才能讓嬰幼兒有足夠的安全感呢？這就要講到嬰兒的依戀本能和對愛的訴求。早期嬰兒的幾個本能中，有一種本能叫作依戀本能。所謂依戀就是孩子出生後要在情感上連結某一個人，和這個人發展很親密的關係。

依戀本能由依戀行為構成。那麼依戀行為有哪些呢？**嬰兒的第一個依戀行為就是吸吮**，你要給他喝奶，讓他的嘴巴含到東西。有的嬰兒哭鬧並不是因為餓了，但母親把乳頭塞到他嘴裡就不哭了，因為這滿足了他吸吮的本能需求。

嬰兒的**第二個依戀行為是擁抱反射**。你要是去用東西刺激他的前胸部和腹部，他的手和腳就會摟成一團。當然還有一些其他的動作，譬如爬行。

嬰兒本能中的擁抱反射包含很重要的一個因素，就是皮膚接觸後能產生特別舒適的親密感。一個嬰兒沒有發燒，肚子也不餓，也沒有大小便，身體也是乾淨的，卻哭得很厲害，很可能是因為他需要被抱著。

你會發現，有的父母就是不喜歡抱小孩，很少抱小孩。一個朋友告訴我：「我跟爸媽的親密接觸就是他們打我的時候。」他說得很心酸。還有個人說：「我從來不碰我爸媽，他們也不碰我，我媽老了以後來找我，過馬路時突然她踉蹌了一下，一把拉住我的手臂，我就忍耐著讓她勾著我的手臂過馬路，可是我全身起了雞皮疙瘩。因為小時候她從來沒有抱過、摸過我，她就是打我。」

由此可見，擁抱對嬰兒來說多麼重要，它是支撐嬰兒依戀本能的必要條件，也是嬰兒獲得安全感的主要方式。因為被擁抱時，嬰兒會感到自己是被保護起來的，是被愛著的。

綜上所述，如果孩子特別愛哭鬧，其原因可以用一句簡單的話來概括，那就是人類本能對愛、信任和安全的訴求。不論是過度敏感而哭鬧的嬰兒還是不被理解而哭鬧的嬰兒，其根源都在於他需要更多的關注和更悉心的照料；不論是存在焦慮還是分離焦慮，其根源都在於他缺乏足夠的安全感。

第17堂 缺乏複雜情感的建立——容易情緒化

缺乏複雜情感、情緒細分顆粒度粗的人，在簡單的情緒之外，體會不到太多其他的情感，所以他們的理解和表達都是直來直往的，不大會顧忌別人的感受，而且也經常情緒失控。

小孩的情緒化是因為他對這個世界的恐懼，我們要理解小孩的情緒，可以從以下幾方面入手。

首先，嬰兒早期只有簡單情緒。什麼叫簡單情緒呢？他如果高興起來，就特別高興；他如果傷心起來，可能就特別恐懼。在高興與恐懼之間存在空白，只有兩個極端。小孩雖然很早就產生了一些愉悅、嫉妒的情感，但實際上他並不知道自己出現的情緒就是這種情感。

嬰兒時期的簡單情緒

舉例來說，小孩晚上醒來時肚子餓了，但是他不知道這種感覺是饑餓，他感覺到的只是身體的不舒服。因此，如果醒來時媽媽不在身邊，他就會感覺自己被拋棄了。

你可以看到，他感覺不到這麼多複雜的情感，他只有一個感覺，那就是「心如刀絞」，實際上是胃如刀絞，胃部很疼痛。所以，這時他就會產生極度的恐懼，大哭大鬧。

在高興和恐懼這兩種相對的情緒之間，還有一個情緒，經常表達出來的就是憤怒，就是失控。小孩的情緒失控實際上也是一種簡單情緒。他高興了就亂跑、人來瘋；不高興了就在地上打滾，就撕扯或者用牙齒咬東西、亂打人、吐口水等等。

恐懼則是人類甚至動物最深刻的本能情緒。如我們走在路上迎面遇到狗，那些大型犬基本上不會對你吠叫，但是那些體型特別小的小型犬，例如吉娃娃，很可能會對著你狂叫。因為大型犬體型大、力氣大，防禦能力強，你對牠構不成危險，牠就不感到害怕。而體型特別小的狗，因為自身防禦能力弱，總害怕別人會傷害自己，所以牠見人就叫，甚至還會主動攻擊。

複雜情感對於孩子的發展

那麼，對孩子來說，負責這些本能的大腦功能區在什麼地方呢？主要是在「舊的大腦」中。對於成年人來說，進化多年的成果就是在人類舊的大腦之上長出薄薄的一層，叫作新皮層。人類的大腦皮層，相比於動物既多又厚。

但是大腦中的白質，就是皮層下的內部結構，主要包括纖維和低級中樞，在延髓和中腦的部位，負責眼球運動、面部肌肉運動、血壓、呼吸等的中樞都在底部。這部分底部大腦就是負責動物和人類嬰兒剛出生時的行為反應的大腦中樞。

通過對大腦的認識，我們能夠得知，小孩如果受到驚嚇就會經常發燒，這說明他的體溫中樞還沒發育好。那麼，如何讓孩子不那麼恐懼、脫離隨時失控的狀態？這就要讓他產生複雜的情感。

譬如媽媽坐在孩子旁邊，用熟悉的聲音和溫和的語氣給孩子講故事時，孩子內心的感覺和他僅僅被逗得大笑時的感覺是不一樣的。除了表現出來的高興，他內心還多了一種舒適的感覺，這種情緒就是愉悅。

愉悅的情感和憤怒是不一樣的，和高興也是不一樣的。愉悅是一種複雜情感，不是一種簡單的高興，愉悅的產生有一個複雜的過程。

如果媽媽特別愛孩子，孩子也會特別愛媽媽。到了孩子三四歲的時候，媽媽就開始讓孩子自己睡。睡覺前媽媽還和以前一樣給孩子講故事，房間也非常溫暖，孩子也知道媽媽不是不要他了，不是不愛他了，媽媽只是要到另一個房間睡覺。

這個時候，孩子的內心就產生一種惆悵的感覺。這種感覺並不是恐懼。對於三四歲的孩子來說，如果媽媽要讓他單獨睡，他就不會恐懼了，他這個時候產生的感覺是惆悵。

如果一個人小時候被爺爺奶奶帶大，彼此很有感情，在六七歲的時候，如果爺爺奶奶走了，雖然他也能接受這個事實，但是因為感情很深，所以他會產生哀傷的感覺。哀傷、惆悵、愉悅等這些感情，相比恐懼、憤怒要複雜得多。

情緒不穩定的孩子，常常是只有簡單情感的孩子。這類孩子，因為在嬰幼兒時期沒有經歷足夠的愛撫、眼神交流等情感發展的必要過程，也就沒有體驗過豐富的情感變化，所以他們只有簡單情感，缺少了中間過渡，很少有複雜情感。如果孩子沒有複雜情感，結果就是他能理解和表達的情感非黑即白，走極端，對於別人細膩的情感既不理解也不以為然。

哪些是複雜情感呢？除了我們前面提到的愉悅、惆悵、哀傷外，還有很多複雜情緒，比如嫉妒、憂傷等。如果我們去文學作品裡尋找的話，恐怕能找到幾百個描繪情感情緒的詞語。

一個情感特別細膩的人，表達情感的方法也會有很多，他能夠說出來、寫出來。那些詩人、作家寫的文字真是「人人心中所有，人人筆下所無」。看到這樣的表達，我們會有一種感覺：「他說的就是我這種感覺，但是我怎麼就說不出來呢？」就是因為詩人、作家都是情感特別豐富、細膩的人，他們的情緒細分顆粒度比較小，所以他們能夠體會別人體會不到的細微的情緒變化，也能夠用文字高度提煉各種情感，因此他們能把一個特別複雜的情緒用文字表達出來。

缺乏複雜情感、情緒細分顆粒度粗的人，在簡單的情緒之外，體會不到太多其他的情感，所以他們的理解和表達都是直來直往的，不大會顧忌別人的感受，而且也經常情緒失控。一般我們說的「直男」，就是這種類型的人。

情緒的記憶與釋放的方法

那麼，如何培養孩子的複雜情感呢？父母要經常跟孩子一起玩，要陪孩子。

為什麼說在孩子小時候媽媽比爸爸重要？因為很多媽媽在跟孩子玩的時候，不只是簡單地陪伴，她會在陪伴的時候不停地和孩子說話：「你看那邊飛來一隻鳥」、「那鳥有黃色的羽毛」、「頭上還有一點紅」、「鳥叫聲像什麼」、「有的鳥的叫聲很像布穀鳥」……孩子雖然可能還不會說話，但他們在聽媽媽一遍又一遍地重複這些話的過程中，慢慢地理解了媽媽講的話，慢慢地能夠區別出什麼是杜鵑、什麼是布穀鳥、什麼是烏鴉，牠們的樣子、體型、叫聲、顏色分別是什麼樣的。在這個過程中，孩子的體會越來越豐富，也就在內心逐漸形成了更複雜的情感，能體會到一種愛的感覺。

當孩子感覺到媽媽是在用心陪他的時候，他的內心是寧靜的、具有安全感的，這樣他就能在完全放鬆的狀態下去感受外界的多彩多姿，去接納外界的能量，去體會媽媽情緒的細微變化——那一天的溫度、那一天的陽光、那一天的顏色、那一天的氣味和那天媽媽牽著他的小手的感覺。

小時候的這些經歷都會永遠藏在一個人的身體裡。所以有些人平時看起來比較沒感情，但只要觸發了某個點，所有的感覺都噴湧而出。身體是不會欺騙我們的，這種複雜的感覺在身體裡都是有記憶的。

因此，在小孩失控的時候，還有一招，就是抱住他。一個小孩處在失控的狀態，就說明他的內在處於一種特別無助、特別弱小的狀態；當他被緊緊擁抱時，他就覺得自己被母親看見、接納和保護了。

舉例來說，我曾經治療過一個九歲的孩子，他特別愛打人，還會對人吐口水。他媽媽來找我的時候甚至沒敢帶著他，怕傷到我。這個媽媽告訴我：「孩子太調皮了，我們把他打得很厲害。」爸爸媽媽都把他打得很厲害，所以這個孩子就更加反叛，心想「你打我厲害，我就去打別人」。

後來這個媽媽硬拖著孩子來見我，這個孩子來了以後就又蹦又跳。我把他抓住，他掙脫不了，就咬我，對我吐口水。不管他怎麼鬧，我都沒有制止他，也沒要求他，我只是溫柔地把他抱住，繼續跟他媽媽談他的事。在談話的過程中，我覺察到他逐漸放鬆下來。這個時候，他也發現我們在講他的事。我把他放開以後，他也沒有離開。再後來，他可以接受我對他說話了，半小時之後，他就能夠跟我交流了。

在這個過程中發生了什麼呢？

其實這是他本能的情緒波動。本能的反應就是攻擊或者逃跑，這是動物的反應。但是，動物和人的大腦構成不同，動物大腦皮層上的皮質很薄，所以如果一個動物被你打了，或者咬了你一次，它就會擁有這種記憶，很難被馴養、很難被改變。對於動物來說，如果在牠小時候你對牠好，牠記住了，不管之後你怎麼對牠，還是會認你這個主人，這個過程我們叫作「馴服動物的忠誠」。

但是，人不一樣。九歲的孩子皮質開始發展，這個皮質的發展可能已進化了幾十萬年了。他有判斷，會思考「這個人對我友好，那我也願意建立關係」，所以人會產生複雜情感。這個孩子的複雜情感可以在半小時內出現，當然不是歸功於我的能力或者這半小時的工作，而是因為孩子自身發展的程度；他的大腦皮質承載了人類進化史上幾十萬年的經驗，他非常清楚什麼是對自己有幫助的。

情緒轉化的關鍵

那麼，對人的發展來說，什麼幫助最大？關係。當他能夠建立關係、尋找資源，他就會安靜下來，然後開始願意待在這裡，能夠開始談話，這種轉變就源於從敵對關係向依戀關係的轉變。

所以，對於情緒波動大的孩子，首先要讓他形成複雜情感，然後要改變他的依戀模式，這就要用一些培養依戀的技巧，譬如，擁抱孩子，身體接觸，同時採用母親般對待孩子的方式，即接納、陪伴、關注，包容他的憤怒和他的表達方式，在保證他不傷人和不毀壞重要物品的情況下，讓他的攻擊性得到一定的釋放。

如這個孩子向我吐口水、掐我等的行為，他的父母肯定接受不了，但是對孩子來說，這些行為只是他釋放內心恐懼的一種方式；當他的恐懼得以釋放，發現對方並沒有自己想像中敵對之後，他就會安靜下來。

PART Four

療癒：

停止否定自己，
重建自我價值

篇·章·重·點

重建自我價值
治癒內在小孩的創傷

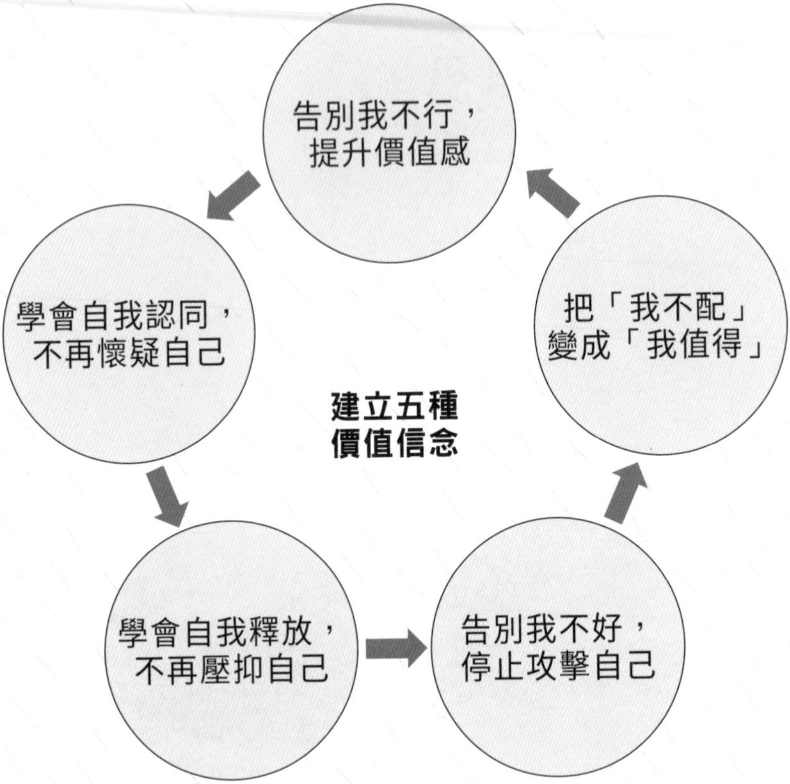

第18堂 否定自己，自我價值低落

一個覺得自己不行的孩子，往往就是在這種嚴苛的教育、貶低的教育、不誇獎的教育之下成長起來的。

對於有創傷的內在小孩來說，「我不行」的心理狀態來自父母的貶低，以及「棍棒底下出孝子」的教育。在教養孩子的過程中，很多父母都說，不能當面誇孩子，要適當給孩子加壓，讓他的自尊心和自信心適當受挫，因為虛心使人進步，驕傲使人失敗。

在佛洛伊德的理論裡，有一個現象被稱為「被成功摧毀的男人」。佛洛伊德

說他本人就是這樣的。他的父親是個皮毛商，對他比較嚴厲，所以他和父親總是「對不上」。有一天晚上，他起來上廁所，卻迷迷糊糊地走進了父母的臥室，然後把臥室當成了廁所，尿在父母的臥室裡。

他的爸媽驚醒後看到了這一幕，爸爸就很憤怒地對媽媽說：「這個孩子將終生一事無成。」這句話就像詛咒一樣，佛洛伊德後來即使很成功，但是他每每想起父親的這句話，就會覺得自己不夠成功。

在父母陰影下成長的孩子

很多人，平時學業成績還不錯，但一到重要考試就莫名其妙地發揮不好；平時成績很好，小考試考得也很好，但是一到大考就考砸。一位同事的孩子，成績在當地的高中裡是全年級前十名的水準，可是在考大學的時候，他的分數比平時的模擬考低了一百分。

他的媽媽在生活上將他照顧得很好，每天給他變花樣做好吃的，對他的陪伴也足夠多，但有一點不好的就是對他有特別多的訓斥和貶低，如「你怎麼又做錯了」、「你怎麼總是不努力」、「你怎麼總比隔壁老王家的小孩還要差」。這個孩子在父母嘴巴裡幾乎聽不到讚美，也得不到欣賞的眼光。

愛利克．霍姆伯格．艾瑞克森（Erik Homburger Erikson，以「心理社會發展理論」著稱）是美國著名的心理學家，在青少年領域的研究特別有名，他講過一句很重要的話：「**孩子會在媽媽（父母）注視自己的喜悅眼光中看到自己。**」也就是說，如果**孩子看到父母親特別喜歡自己，而且發自內心地喜歡，那麼就會像鏡子一樣，能照出孩子的自我價值。**

有的父母對孩子的要求特別高，他們總是覺得孩子做得不夠好，認為父母的誇獎和認可會使孩子驕傲自滿、翹尾巴，所以他們對孩子特別嚴苛。在這種環境下，孩子的內心就逐漸形成了一種想法：「不管我做得多麼好，在爸爸媽媽眼中都不值一提；不管我多麼努力，他們都認為我做得不夠……。」

所以，這種孩子即使長得再漂亮，她也不覺得自己漂亮；即使成績再好，她也不覺得自己好。久而久之，這些孩子就會形成自卑的人格，在成年以後的生活中，同學、朋友、同事都覺得她長得挺漂亮的，成績那麼好，但她還是這麼自卑，她是不是裝的？她長得這麼漂亮，還說自己長得不漂亮，別人都覺得她在說假話。但是她內心就會覺得很委屈，因為自己真的如此認為。

父母就像鏡子一樣，但是有時它並沒有照出孩子的價值，反而照出了父母的陰影；父母把自己的陰影投到孩子的身上，使孩子一輩子都生活在父母的陰影中。

那麼這種陰影是什麼呢？就是被貶低、自我價值感低下、自尊低下、自卑，感覺自己不如人。一個覺得自己不行的孩子，往往就是在這種嚴苛的教育、貶低的教育、不誇獎的教育之下成長起來的。

幫孩子建立支持鼓勵欣賞的孵化環境

有人會問，如果我經常誇孩子，會不會滋長他被溺愛的感覺，養成他傲慢的性格呢？其實在孩子大概五六歲的時候，他需要的是一個「孵化」的環境。如果他覺得所在的環境是對他比較友好，他就可以在這個環境裡把自己的不良情緒釋放出來。

因為孩子內心的恐懼、對事情的不理解、對自己的焦慮是無法自行排解的，所以他必須投射出去。父母就是這些情緒的接收體。他們把孩子的恐懼、糟糕的情緒吸收後，還回去的是支持、鼓勵、欣賞和愛意，這些孩子是能夠感覺得到的。

孩子五六歲之前是萌發「自我」的關鍵時期，在這個時期，孩子開始具有自我意識，覺得自己是足夠好的，是足夠漂亮的，他們能夠得到父母的誇獎，而且他們的誇獎是真正發自內心的。當六七歲以後，這孩子在社會中遭遇挫折的時候，他的自信心才不容易被外部挫折擊垮。一個孩子如果平時可以考第一名、第二名、第三名，後來在跟別人的競賽中即使考了第五名，他也不覺得自己是特別差的。

相反地，如果像佛洛伊德的遭遇，犯一個小錯誤就被爸爸下結論說一輩子都不會有出息，這孩子就可能一輩子活在詛咒裡。所以，父母要避免給孩子負面的評價，不要說類似這樣的話：「你總是這個樣子」、「你肯定不會變成什麼樣子」、「如果知道你現在是這個樣子，我當初還不如……」這類話等於給孩子的整個人生打上了灰暗的底色，他一生就活在這些話的陰影裡，心中總有一個聲音在提醒自己多麼糟糕。

在孩子小的時候，父母給予孩子很多鼓勵、支持和誇獎不叫溺愛，這就是孩子真實的需求。

漢斯・科赫（Heinz Kohut）說，我們在自戀的狀態下，如果無法戰勝這個外在的環境，是因為外在的環境讓我們完全不懂，也不理解，所以我們只能生活在自己的殼之中；在這個殼裡面，我們是國王，一切都要服務於我們，把我們孵化。

這個孵化的環境是什麼呢？就是鼓勵、支援，然後給予力量和誇獎，給予包容和接納。這樣，當孩子破殼而出的時候，與外在的現實進行連結的時候，他就能很清楚地區分什麼是「我」，什麼是他，什麼是「自己」的想法，什麼是「別人」的想法。

我們仔細觀察就會發現，幼兒時期的孩子有一種現象：他在說別人的時候，其實往往是在說他自己。只有能夠把自己的想法和別人的想法區分清楚的孩子，在跟別人交往時，當別人有負面情緒和評價投射過來時，他才不會輕易接受別人投射過來的「你不行」的資訊。

所以在這一點上，我們主張鼓勵的教育和某些專家主張的挫折教育其實不矛盾。如果在孩子五六歲以前，父母給他的鼓勵多於貶低，那麼在上小學以後，這個孩子即使受到了貶低和挫折，他也有耐受挫折的能力。

所以，我覺得挫折教育應該在六七歲以後，也就是孩子上小學以後進行。因為在學習過程中，孩子肯定不能總是考第一名，肯定是要遭受挫折的。

曾經有一名個案，他在國中以前經常能夠考班級第一名，但是他在高中第一次考試就考了個第二名，因此就不上學了。因為國中以前的經歷給他的印象就是，他只能拿第一名。在國中，他還可以勉強維持，到了高中第一次月考就考了第二名，雖然第二名的成績也不錯，但他就因此不去上學了。

重點就是我們要學會現實化，就是當我們不能處在第一名的時候，我們也可以接受做第二名。

譬如跑步，有世界級的運動員最喜歡在比賽中處於第二名的位置。這位運動員說：「我總是跑在第二名的位置，到最後一圈的時候，我才開始超越。」

所以，有位著名的心理學家的網路ID就叫「天下第二」，他取這個名稱背後的哲學觀就是「木秀于林，風必摧之，我不要做第一」。

而我們的教育更多的還是追求「敢為人先」或者「力爭上游」。對於這種教育理念，我們要畫一個問號。

因為對孩子來說，在這個世界上我們要有很多妥協，第一名和最後一名都是極少數，大部分的人都在中間這一區塊。對孩子的教育也一樣，父母只要提供一個支持的環境，告訴孩子：你在這方面表現優秀，但不一定你在所有方面都是優秀的。每個孩子都有他「行」的部分，那麼這個孩子在「行」的部分，就可以抵消那些看起來「不行」的部分。

有的孩子體育不好，有的孩子音樂不好，有的孩子可能數學、化學、物理不好，但是語文很好，所以某方面不好並不等於這個孩子全部不行。有的父母卻對孩子求全責備，如果孩子只有某些科目成績特別好，那麼學校、父母都覺得這個孩子不行，但實際上反而說明了孩子在某一方面特別有能力。

自卑父母也會吝於認同孩子

另一角度，把一個孩子搞得「我不行」的父母可能自己內心就是自卑的，他覺得自己不行，所以他不允許孩子超過自己。因為他早年被他的父母貶低，所以他在教養孩子時，一方面是希望孩子特別厲害，而另一方面又在潛意識中壓抑孩子。

最近看到一對父子，父親很成功，但是孩子因為心理問題待在家裡不上學。這個父親就威脅兒子說：「我不能在家裡看見你，你要麼去上學，要麼外出打工，要麼就住院。總之，在我的家裡不允許有不務正業的人。」

對孩子特別嚴苛的父母要追溯到自己的原生家庭，自己是不是曾經被父母羞辱過，所以在潛意識中，甚至是有意識地以同樣的方式羞辱自己的孩子。

父母誇自己的孩子是要有勇氣的，有些爸媽有一種意識：我的父母親沒有誇過我，我憑什麼誇你呢？你看，**他有一種隱含著的嫉妒心理，「我沒有被父母誇獎過，我就吝嗇於對自己的孩子進行誇獎」**。

還有一種情況，爸媽在理智上對孩子的成就是滿意的，能為孩子取得成功高興，但是其潛意識中未必那麼高興。例如，父子兩個下圍棋，父親看到自己要輸了，心想「這小子要超過我」，他就開始耍父親的權威，把棋盤掀掉，甚至把孩子打一頓。這種父母就是見不得孩子超過自己。

第19堂 常常認為「我不配」，只能選擇不好的

孩子之所以形成了「我不配」的內在小孩，就是由於小時候父母對他的態度。因爲他經常被父母指定爲「我不配」的角色，所以在遇到事情和選擇的時候，他們很自然地就會認爲「我不配擁有最好的東西」。

關係治療關係，好的關係覆蓋壞的關係，「我不配」的內在小孩是如何形成的呢？它來自於父母對孩子的蔑視。

在多名子女的家庭中，孩子是要有點運氣的，因為父母的心理也不是完美的。

父母既有「好的」一部分，也有「壞的」一部分。一般來說，父母會把他「好的」部分集中到某一些孩子的身上，將「壞的」部分放在另外一些孩子身上。而且一旦父母這樣做了，這個現象可能會持續終生，這是一件特別令人悲哀的事情。

父母偏心的對待

十根手指長短不一，父母對孩子的態度也是不一樣的。即便偏心的父母表面上假裝公平，但孩子們還是會知道父母真實的態度。

父母會把「好的」部分投射給哪一個孩子呢？

一般來說，**老大是最有可能被父母偏愛的**；雖然也有因為老大是第一個孩子，父母沒經驗而手忙腳亂，因此討厭這個孩子；或者這個孩子來得不是時候，譬如奉子成婚，打亂了父母的生活安排，因而不受喜愛。但是通常，因為老大是媽媽的第一胎，一切體驗都是陌生的，她會對這個孩子投入較多的感情，所以老大有可能是她最偏愛的，因此她就會把自己「好的」部分投射到第一個孩子身上。

不得不說，在中國家庭裡，最受偏愛和重視的就是長子，獨子就更不用說了。在最近舉辦的培訓班裡有一名學員，她家裡有七個孩子，前面六個都是女孩，老七是男孩。而且她的父母之所以生這麼多孩子，就是因為盼著生個男孩，所以她們姐妹幾個的名字都是盼弟、招弟、引弟……你可以想像，她的父母對女孩是多麼失望，所以他們把「壞的」部分全部投射給女孩，特別是後面出生的幾個女孩，**而將「好的」部分當然就投射給了唯一的男孩**。

還有一類**被偏愛的孩子**，**即是有重病的孩子**。如果一個孩子有重病的話，他會不會遭到父母的嫌棄呢？不一定。相反，父母可能會非常內疚，覺得沒有照顧好孩子，所以會對這個孩子特別照顧，盡力彌補這個孩子。譬如，對小兒痲痹的孩子，有的父母可能會很內疚，然後抱著孩子四處求醫，希望奇蹟發生。甚至醫生都覺得孩子可能沒辦法矯治了，但父母還是會變賣房產、揹著孩子各地尋求治癒的方式。

我不配的內在小孩：不配擁有最好的東西

上面講了幾種在家庭中，最有可能被父母呵護的「幸運」孩子，那對其他孩子怎麼辦？

父母已經把「好的」部分都分出去了，剩下的就是不好的了。我曾經見過這樣一個家庭，這個家裡有兩個女孩，父母偏愛的是二女兒，原因是父母都重男輕女，看到第一個孩子是女孩就嫌棄她，盼著再生個兒子。雖然第二胎仍然是女兒，但因為種種原因，他們不能再生了，也就把所有盼望兒子的情感都傾注到這個女孩身上。

從小就被嫌棄的大女兒，不但要承擔所有家務，而且好吃的也都要讓給妹妹。譬如，吃飯時，飯中間最軟、最白、最香的部分要先挖出來給妹妹留著，然後再給父母盛飯，最後剩下鍋巴的飯才是她吃的。在這樣的環境裡長大的孩子，習慣了最差的東西才是自己的，所以培養了在她心中「我不配」的內在小孩。

孩子之所以形成了「我不配」的內在小孩，就是由於小時候父母對他的態度。因為他經常被父母指定為「我不配」的角色，所以在遇到事情和選擇的時候，他們很自然地就會認為「我不配擁有最好的東西」。

除了父母和其他家庭成員對孩子的態度，社會價值觀和文化習慣也會造成被歧視的群體形成「我不配」的內在小孩。譬如，在中國很多地方的傳統中，家裡有客人吃飯的時候，女性是不能上桌的。這在一些人看來有些不可思議，可是當地女性卻覺得很自然，因為她們從小到大就被教育認為女人只配待在廚房裡，用小桌子吃飯；女人就應該把飯菜都做好，然後退到一邊，這就是她配得上的東西，但是這樣的「配得上」就正好說明了她「不配」。

社會對某個群體的定位和約束會讓人產生根深蒂固的「我不配」的內在小孩。我們看到有很多女性，在工作中其實表現得很出色，但如果別人表揚她，她就會害羞地否定自己的成績；把她推到臺上講話，她就會手足無措，非常緊張。因為她的「我不配」的內在小孩提醒她——你不配上臺說話、被表揚。

妳的優秀對父母來說沒有意義

另一個「我不配」感受的來源是自卑心理導致的自卑行為。有個女孩很漂亮，智商很高，成績也很好。可是她嫁錯了人，大家都覺得她丈夫是渣男。我們可以看到很多類似的例子，一個很優秀的女孩嫁給條件一般的男孩。有時候，在很多年後的同學會上，同學都特別不理解地問：「當年那麼多條件好的人追妳，為什麼你就選擇了一個條件最不好的？」其實，原因就在於女孩自己的感覺就是她配不上那些條件好的人。

這種現象，如果追溯起來，可能就跟從小父母的打壓有關係。譬如，父母本來期待生個男孩，但妳是一個女孩，不是父母期待的孩子，那妳的所有的優秀對父母來說都沒有意義。父母看到妳的優秀，反而會反覆想：「如果是個男孩，那該多好啊！可是，妳是個女孩，妳再優秀有什麼用呢？」

所以不管女兒表現得多好，父母都不覺得這是給家裡帶來榮譽的事。因為妳不是我想要的孩子，所以妳的優秀對我來說無關緊要。父母的這種想法傳遞了很多的訊息：你不配買新衣服，你不配買好的東西，甚至你也不配擁有好的生活。

因此，這樣的孩子就成長在「我不配」的氣氛中，她逐漸就會去選擇她認為自己「配得上」的那種生活，她「配得上」的那種生活恰恰證明「不配」，所以她會把日子過得一塌糊塗。

舉個例子，最近我跟一個朋友聊天，他說起他的妻子離開他以後，找的人一個比一個渣，甚至有犯罪前科。他前妻的職業社會地位很高，一般來說，這樣的人不會去找一個有犯罪前科的人結婚，這真是匪夷所思。

這正是因為她的內心有一個「我不配」的內在小孩一直在提醒她，「我只配得上這種人」。所以，這個選擇對她來說是很自然的，她一定要把自己好的婚姻關係破壞掉，然後去尋找一段讓她感覺到不安全、不穩定的關係。

在心理治療中，如果她來自這類家庭，或者小時候有這樣的經歷，那麼「不穩定就是最大的穩定」、「不安全就是最大的安全」，這種情況就叫作「不穩定的穩定」、「不安全的安全」，那麼這種「不配」，也可以稱為「不配的配得上」。

把「我不配」變成「我值得」

怎樣才能走出「我不配」的魔咒呢？簡單地說就是用關係治療關係，用好的關係覆蓋壞的關係。如果她有幸碰到一個人，這個人堅持追求她，並且能夠在關係中逐漸滋養她，那麼她就可以慢慢地把內心的「不配」變成「配得上」。但是這種情況只有幸運的人碰得到。

我有一個學生，她說她自己對婆家的親密程度遠勝於她對自己的父母。她就來自一個讓她產生「我不配」感的家庭，但是結婚之後，她的先生及其家庭成員都很呵護、愛護她，再加上後來經歷了養育孩子的過程，她就慢慢變得自信起來，對人也不那麼尖刻，對自己也不那麼苛刻了。她的轉變花了多少年呢？花了二十多年。

她終於認識到，這是她父母的問題，不是她的問題。曾經有很長一段時間，年輕、漂亮的她都認為自己既不漂亮也不配擁有美好的生活。現在她認為這一切，她都值得，她都配得上。但是，這個療癒的過程花了二十多年才完成。

所以，從小到大讓一個人擁有「我不配」的內在小孩，是非常容易的；但是在她長大之後，讓她從「不配」轉變到「我值得」，找到與自己相配的那一部分、那段關係，其實是很困難的，但不是不可能。

第20堂

認為「我不好」，自動過濾掉稱讚與誇獎

有的「我不好」的孩子，自我價值感特別低，存在感特別低，他覺得自己體驗不到生命，而自殘自傷的意義就在於感到了痛、看到了血，就證明自己還活著。

有一個統計，有童年創傷的人，對於壞的東西、對於別人的眼神、話語、話語中貶低的詞特別敏感，而對於稱讚和誇獎通常視而不見、聽而不聞。為什麼呢？因為那些詞語他覺得不屬於他，所以他會自動地把它們過濾掉。

自動幫自己歸類成「我不好」

其實所謂的「積極心理學」就是對你同理，說你好的地方。這個有沒有用呢？我認為是有用的。不僅要進行挫折教育，而且還要進行鼓勵教育，因為每個孩子都希望自己是被看見的、被鼓勵的。但是挫折也很重要，上文提到，如果在孩子很小的時候，周圍的環境讓他感覺「我是唯一的、我是最好的、我是完美的」，有了這樣的一個鋪墊，即使稍大後他周圍的環境變得差一點，別人對他的評價變低了，他也不會受到特別大的打擊。

因為這個時候，他已經有了思辨的能力，能夠想到「我也沒有那麼完美，別人對我和我想的也不太一樣」，然後他就漸漸具有了抗挫折的能力，逐漸能夠接受「我不那麼完美」。

但是，假如一開始沒有給他營造一個特別積極、鼓勵、包容的環境，那麼他可能就會對那些不好的詞特別敏感。首先，別人說他不好的時候，他會認為別人說得對，不是別人有問題，而是「我不好」；另外，他會自動把自己歸納為「我不好」，甚至不用別人歸類。

父母也有「我不好」的內在小孩

有時，孩子還會配合父母潛意識裡的認同。譬如，所有的父母都希望孩子好，被老師誇獎成績好；父母也有虛榮心，希望被老師請上臺向其他的家長傳授經驗。但是，如果這個孩子的表現沒有父母期望的那麼好，父母的內心可能就會特別煩惱。而當父母發狂的時候，孩子會想，「是因為我不好，所以我的父母才對我不好」。

有的父母本身就有一個「我不好」的內在小孩。父母可能會因為孩子的表現不佳而責備孩子、打孩子，可是父母為什麼會如此在意呢？因為孩子的不好讓他照見了不好的自己，他把對自己的不滿發洩到孩子身上。

他的「我不好」內在小孩會提醒他：我的孩子不好，是因為我不好造成的。這種內心充滿了「我不好」的父母，因為從孩子身上照見了自己而惱怒，那他對孩子的話語就不會特別客氣。他如果認定孩子不好，可能就真的對其充滿敵意。

比較明顯的敵意是：孩子叫媽媽，媽媽不做回應，再叫媽媽，媽媽還是不做回應。雖然是聽見了，但是對孩子來說，他以為媽媽沒聽見，等叫了第三遍的時候，媽媽就開始回應了，但是回應的全部都是惡毒的詞語，「你死遠一點」、「你沒看到我在忙嗎」、「你叫來叫去叫什麼東西」、「最好不要讓我看見你」……；當然，可能在媽媽的思緒中不會這麼惡毒，但是在內心她會覺得是自己不夠好，所以她對孩子的煩躁真的是無名火，是沒來由的。

孩子學會回應父母的潛意識

上述是意識層面的表現，有些父母的表現是潛意識的。譬如他的孩子成績好的時候，他很高興，可是心裡隨即又掠過一絲悲哀，「哎呀，她這麼好有什麼用呢，又不是兒子」。所以，有些女兒表現得再好，也可能沒有好到父母的心上。

還有一種情況就是，父母可能對孩子有天生的敵意。譬如母親小時候因為被弟弟或者妹妹奪去了母愛，所以這個母親在自己生孩子的時候，正如阿德勒（Alfred Adler）的自卑理論，1932 年出版《自卑與超越》（What Life Should Mean to You））提到的，母親對孩子的態度會與排序有關係。這時，父母表現出來的敵意就是隱含的，就是想好也好不起來。

在培訓班上，有一名學員，她從小跟著奶奶長大，長大後才回到父母身邊。她到了一個陌生的環境，和媽媽也不親，面對媽媽也是怯生生的，而且她說話的口音、吃飯的習慣都和奶奶一樣。因為婆媳關係不好，這個媽媽覺得女兒屬於奶奶的，對孩子也就不好。但孩子認為，自己的母親之所以對自己不好，是因為母親不喜歡自己，是因為自己不好。所以，在「我不好」的情況下，她有時候就會迎合父母投射過來的「不好」——既然我不好，那我就不好給你看，於是就開始調皮，跟別人打架，不認真學習。

其實父母在意識層面是真心希望孩子好的，但在潛意識層面，如果父母不是這麼認為的話，那麼孩子就會接收到你的信號，你的潛意識想讓他怎麼樣，他真的就怎麼樣。

在現實中這種情況是真實存在的，這也就是為什麼我們喜歡一個人、喜歡我們的孩子一定要發自真心的喜歡，因為孩子的內心很清楚地知道「誰對我好，誰認為我好，誰認為我是值得擁有的」，所以「如果你認為我不好的話，那我可能就真的不好給你看」。如果你認為「這個孩子怎麼病得這麼厲害，老是生病，煩死了」，那這個孩子就真的經常發燒、咳嗽。所以有時孩子的症狀是父母指定的，有調節父母的功能，同時也是在表達孩子對父母親潛意識的回應。

停止攻擊自己

最高級別的不好是不能對外表達的，譬如把「我不好」當作自己的防衛，有的時候是為了保護父母，因為「父母認為我不好，但是我又不能因為父母對我不好而說父母的不好，那我就只能表現為不好」；還有另外一個表現就是，「我其實對父母是有憤怒的，我想攻擊父母，可是攻擊父母不是證明我更不好嗎？那我就攻擊我自己」。所以，對於「我不好」的這個內在小孩，**有個主題就是如何停止攻擊自己。**

攻擊自己有很多方式，比較常見的就是自殘，用刀片劃自己。為什麼要劃自己呢？第一，好劃。第二，求存在，因為皮膚劃傷後，他會有疼痛感，會看到出血。有的「我不好」的孩子，**自我價值感特別低，存在感特別低，他覺得自己體驗不到生命，而自殘自傷的意義就在於感到了痛、看到了血，就證明自己還活著。**第三，其實自殘自傷隱喻著對親密關係的一種破壞，因為嬰兒早期的親密關係是透過皮膚傳遞的，父母撫摸孩子、跟孩子玩，都要透過皮膚，所以皮膚既是自我保護的一個器官，同時也是一個融合的、親密的器官。

我曾經有一個學員，她說以前她發狂時，一般都是對外攻擊，打男朋友、摔東西，全都是對外的；但是最近有一次嚴重的發作，當時她就失去了理智，不知道自己做了什麼，醒來一看，才發現把自己劃傷了。

在這種極端情況下，當自己真正感覺到「不好，想要把自己消滅」的時候，把自己劃傷、抓傷都是輕的，嚴重的就是結束自己的生命。

一位三十歲的女性說，她小的時候，有一次媽媽被她氣急了，抱著她就要跳樓。後來長大了再問媽媽這件事情，媽媽說當時就是想嚇嚇她。然後她說，當她當了媽媽以後，自己在對孩子非常不滿意的時候、最絕望的時候，她就會覺得是因為自己不好，所以孩子也不好；既然這樣，自己去死也不能在這個世界上留下一個不好的孩子。所以她後來明白了，媽媽抱著孩子去自殺，是因為她在那一刻真的特別絕望，澈底認為自己不好。

主動建立滋養自己的關係

那麼我們怎麼來幫助這些人，讓他覺得自己是好的呢？

首先，一定要有一個新環境，與父母建立新的關係。譬如他們變老以後，向你認錯，幫你帶孩子，性格變得比較溫和，這多少可以給孩子一些安慰。

其次，新的關係也特別重要，具有滋養功能的關係能夠重新孵化你的親密關係。一個有「我不好」內在小孩的女人，直到結了婚才突然覺得自己像公主，突然覺得自己在丈夫眼裡很有價值，突然覺得自己的那一切不好，在丈夫眼裡看起來都變成了好。這時候，她內在的創傷才得以療癒，她的生命之花才開始綻放。

她的創傷可能源自於五六歲的時候，而等到擁有這種滋養關係的時候，或許她已經三十歲或年紀更大了，所以這種方式的療癒所需的時間通常比較長。

因此，更好的方式是主動去建立可以滋養自己的關係。通常那些感覺「我不好」的人很少主動和別人建立親密關係，但是，如果你一旦意識到自己有「我不好」的內在小孩，並希望能破解它，在冥冥之中，在你的潛意識中，你就會去找那個能夠幫助你的人，如治療師、閨密；這些人會讓你覺得，其實你沒有自己認為的不好，其實你很可愛。

當你自己接納了這些對你的積極評價，你的人生逆襲和命運翻轉就開始了。當好的東西越來越多的時候，就會把那個「不好」給覆蓋掉。生活中這種情況並不少見，看你自己是否有這個緣分和運氣，碰到你的真命天子，你今天就可以去找找。

第
21
堂

學會自我釋放，不再壓抑自己

真正做到自我釋放的人，會由於自己在人群中、在生活中特別舒適，所以變得特別真實。

釋放有很多方法，最為常見的釋放就是言語的釋放。

最近有這樣一個實驗，讓實驗參與者用最激烈的言語進行表達，也就是進行一個適當的言語釋放。實驗結果證明，女性會更愛說話，女性有很多能量是透過言語進行釋放的。

內化「他者」的語言

我在一堂培訓課上，也讓學員用激烈的言語進行表達。我發現有的人臉憋得通紅，但就是說不出來，而且他的身體反應特別強烈，心跳加快，開始出汗，感覺自己說話不流暢時，最後僅僅說出了三個字——「你放屁」。

平時壓抑的人，無法自我釋放的時候，他們會把壓抑變成自然。我跟他做了一個練習，就是用「我必須」、「我應該」陳述，如「我必須孝順父母」、「我應該準時上班」、「我不得不對主管點頭哈腰」諸如此類。如果讓他寫這些話，他也可以寫一大段、一大串，但是當我讓他寫「我想……」、「我要……」、「我決定……」的時候，他居然想不起來，因為他覺得他做的事情都是應該做的，都是必須做的。

法國哲學家拉康（Locan）提出過一個觀點，他認為我們賴以思考或表達的唯一途徑——語言，只是「他者」的言說。所以，你的信念可能也是別人強加給你的。只要你用「我應該」、「我必須」、「我不得不」進行表達的，可能都是一種被「碾碎」的信念。等到你有了社會經驗，有了自己的家庭，逐漸有了自己的想法，能夠主動意識到「這個才是我要的」、「這個不是我要的」、「我其實也不知道我要什麼，但是我肯定知道我不要什麼」，這時你才開始有了自我意識。

自我意識的出現

自我意識總是特別矛盾。

有個學員告訴我，她特別煩惱，因為她的孩子開始上小學了，但老師反映這個孩子可能有什麼問題，例如過動症、自閉症，言外之意就是這個孩子可能智力還沒有達到一年級的水準，讓她考慮要不要讓孩子回幼兒園緩讀一年諸如此類。

然後我就問她，你的孩子有什麼表情？有沒有什麼事讓他感到快樂？她說他玩玩具的時候就很快樂，邊玩邊嚷嚷說：「媽媽，這個玩具太好玩了，再買更多點給我啊，我一百歲也不上學。」她說她問孩子快樂不快樂，孩子說「我不上學就快樂」。

我就對這個學員說：「孩子有他自己的快樂，他有自我意識，但是我們認為這些都是不守規則、不聽話、不合群的表現，會給自己帶來羞恥感。讓孩子認識到這一點是需要時間的。」我又說：「你們家長要有這個耐心，能夠等到幾歲呢？」家長說：「不知道。」

一般來說，特別有幸福感的孩子也會逐漸產生自我榮譽感。艾瑞克森（Eric H. Erickson，提出「心理社會發展理論」）曾經說，孩子到了七歲以後，就會產生一種勤奮的感覺，產生一種自我榮譽感，認為一定要開始學習了。前提就是在這之前他已經建立起了安全感、信任感、親密感。如果這些都搞定了，他覺得「那可以了，要去追求我的學業成績了」。

所以，自我釋放的意思就是，他是不是一個真正的自我，他的自我意識怎麼樣。如果他的意識覺醒了，但他還是覺得和周圍的環境格格不入，那麼這時候他才真的需要父母的支援。

真正獲得解放的自我

對於提倡快樂教育的人最常說的狠話就是：「如果你給他一個幸福的童年，他就會給你一個不堪的晚年。」所以，很多父母都非常緊張——到底我該不該給孩子幸福的童年呢？但也有很多人相信，如果能給孩子溫暖、幸福的童年，那麼他會是一個充滿自信的孩子。他會與你產生充滿感情的連結，不管你多老，他都不會嫌棄你，而且他還會跟你聊天、陪伴你，因為他對你有真實的情感。

而且如果他有自我意識，他通常會是一個特別獨立、有尊嚴的人。但這和傳統的說法就有些相悖了。傳統的說法是自我釋放的代價就是孩子會不孝順父母，變得叛逆，而且如果他的自我意識太強，經常和主管衝撞，他就可能和這個社會格格不入。但這其實都是對自我釋放的誤解。

真正做到自我釋放的人，會由於自己在人群中、在生活中特別舒適，所以變得特別真實。所以，人際關係不好的人不一定就是自我釋放的人。

佛洛伊德的女兒安娜・佛洛伊德（Anna Freud）有個學生名叫哈特曼（Heinz Hartmann，被喻為「自我心理學之父」）哈特曼提出了「無衝突的自我」的概念。在我們的生活中處處都充滿了衝突：「要不要房子？要不要漂亮的女孩？要不要拿博士學位？要不要出國留學？……」總之，在要和不要之間充滿了衝突。

但是哈特曼說，**我們有一個自我是沒有衝突的，就是保持對自然的好奇心，對自然界的無限探索。這種自我是特別自由的，就是「我」對人感興趣，「我」就會**

很自然地融入人群之中，然後讓人們感覺到「我」的魅力。

你在社會上有沒有發現這種人：你跟他在一起相處特別愉快。你講話他願意聽，他真的用心在聽，他用眼睛看著你，你講的任何事情他都表示理解；他能夠表達自己的不同意見，但並不尖銳、張揚，不會讓你感到不舒服。

在表達不同的意見的時候，他給你啟發，甚至讓你心生敬慕，發現原來這種問題可以這樣來看、這麼表達。這是一個特別自由的狀態，有的人就願意跟人打交道。還有的人就願意跟自然界打交道，變成徐霞客式的旅行家。他的旅行不是一般的旅行，你可以看到他在社群裡的照片真的拍得很好，他的文章也寫得很好、很犀利，大家都很願意看。

這種人的自我是特別釋放的，但他並沒有傷到別人，他總是給別人啟發。這種人的自我才是真的得到了釋放。

自我釋放不壓抑自己的方法

那麼，我們每個人怎樣去尋找自我呢？有一個判斷的方法就是你開不開心。

你今天起來開不開心？見你想見的人，你開不開心？你要幹的事，有沒有讓你產生快樂感，有沒有讓你產生成就感，讓你有沒有興趣？

自我釋放、不壓抑自己是不可能的，有一個絕對的詞就是「沒有絕對的自由」，**你只有能夠認可這種相對的不自由，從心所欲不逾矩，你才會變得更自由。**

總而言之，如何自我釋放而不壓抑自己？我給大家幾句箴言。

第一，沒有絕對的自由，你只有能夠接受現實中的一些不自由，你才能變得更自由。

第二，你的自我釋放，不能讓別人感到不舒服，甚至受到傷害。把你的快樂建立在別人的痛苦之上，這不是真正的自我釋放。自我釋放是一個溫和的、自然而然的、讓人感覺如沐春風的狀態。

第三，你在自我釋放的過程中會產生某種成就感，包括你有沒有興趣。你在做這件事情的時候有使不完的勁，很有成就感，如果處於這種狀態，就說明你在釋放自我。

你在釋放自我的時候，會發現每天都有奇蹟發生，你每天都有新的發現，每天都覺得這是新的一天，明天會更好。

第22堂

學習自我認同，不再懷疑自己

男性身上被壓抑的女性氣質開始突顯出來，女性身上那些被壓抑的男性氣質也開始突顯出來。最後，他們的自我認同感就得到了整合，不再是社會指定的，而是自我指定的。這是心理的自我認同和社會的自我認同的統一。

生理、心理與社會的自我認同

第一種，出生以後生理上的性別認同。有的人說自己是男生或是女生，這樣

的認同可能一出生就決定了，不一定是跟自己的性器官有關係。譬如，有的人擁有了女性性器官，但認為自己是男生，有的人擁有男性性器官，但認為自己是女生，所以那只不過是身體上的器官錯位了，但是心理性別認同是一開始就確定的，這種情況就會導致差異的自我認同的問題。

他擁有男性的生理特徵，卻因為他的自我認同是女性，那麼上廁所的時候，他既不認為自己應該上男廁所，但又不能上女廁所，他的自我認同就有很大的問題。這種自我認同問題是生理的因素引起的，他知道自己在生理上是男是女，但是他在心理上是錯位的。

第二種，跟父母的指定有關係。父母特別想要男孩，可是偏偏生的全是女孩。因為沒有兒子，父母可能也會把女兒當作男孩來養，就是給她穿中性的服裝，給她剪短頭髮。這樣做的後果往往是這個被當作男孩子養大的女孩會在自我認同上出現很大的問題。她會一直認為自己應該作為一個男孩去取悅父母，而且自己會內疚，覺得自己辜負了父母的期望。

有這種自我認同問題的人在心理和生理上其實都知道自己是女孩，但是她被父母指定為男孩，所以她在自我認同上也出現了錯位。

第三種，跟社會性別認同有關係。譬如，男孩就不許哭，女孩就不能開口大笑，這就是社會指定的功能。男孩應該去賺錢，女孩就應該相夫教子，應該善良賢德、溫良恭儉讓等諸如此類，這就是社會、文化背景對性別認同的規定，也可能是約定。

如果你認為這是一個規定，那你就會被強迫變成這個樣子，但內心其實有其他的想法。但是如果你認為這是一個約定的話，那麼在這個過程中，這些認同就會自然而然地傳承下來。譬如，母親的言談舉止都是按規矩、文化習慣來的，她也沒有特別強迫你這樣做，是你自己逐漸認識到社會規則之後自覺去遵守它、跟隨它，那麼這就變成了一個約定——我作為女性或男性角色，我願意做這樣的事情。這樣就形成了在社會性別認同影響下的自我認同。

自我認同的整合

但是在這方面，自我認同也有可能出現問題。有的男性可能喜歡當廚師，喜歡做裁縫。在社會認同上，他覺得這都是女性才做的事情，但按照他自己的認同，他並不認為這些事情男性就不能做。有的女性的專業是機械工程、空氣動力學等，她可能去做一些她認為應該是男性做的工作，但她做起來遊刃有餘。

所以從社會認同、自我認同上來講，雖然你要遵從社會規定，但是**瑞士心理學家、精神病學家榮格（Carl Gustav Jung）提出，其實每個人身上都有兩種氣質，一種叫男性氣質，另一種叫女性氣質；他還特意為此起了名字，就是女人身上的男性氣質叫作阿尼姆斯（Animus），男人身上的女性氣質叫作阿尼瑪（Anima）。**

一般來說，我們在早期發展的時候，女孩按照社會認同向女人方向發展，因此她的男性氣質是被壓抑的；同樣，在男孩向男人發展的過程中，他的女性氣質是被壓抑的。簡單地說，就是社會要求女性應該溫良恭儉讓，男性承擔其應該承擔的責任、要吃苦、有淚不輕彈，而代價就是壓制了人的另外一部分。

所以，很多人到了中年以後，就逐漸感覺到他們的另外一種氣質了。女性生了孩子、養了孩子，事業也成功了，她有時候就覺得有更多的自信挑戰父母和社會的一些規訓，自己可以去做一些新的嘗試。

男性也是如此，男性一向勇往直前，不易妥協，一定要爭第一；但後來他發現生活有時候慢下來也不錯，在家裡做做飯，在老婆面前溫柔一下，在同事面前妥協一下，也還不錯。

他們的自我認同就慢慢發生了改變。男性身上被壓抑的女性氣質開始突顯出來，女性身上那些被壓抑的男性氣質也開始突顯出來。最後，**他們的自我認同感就得到了整合，不再是社會指定的，而是自我指定的。**這是心理的自我認同和社會的自我認同的統一。

超越人際與追求大我的自我認同

還有一種自我認同感是超越人際關係的。榮格對他的病人進行了總結，他發現那些具有這些特點的來訪者——四十五歲以上，知識份子，事業成功，一般對他們講道理沒有用。他們來跟榮格探討的經常都是與自然、宗教、自己的一些奇思異想、藝術等有關的內容。所以榮格就認為，人到了一定的年齡後，其尋找的自我認同是超越人際關係的。

我們知道，這個世界世事紛擾，存在同行競爭、兄弟姐妹之間的嫉妒，以及人際關係的相互平衡、控制等，總之很多事都是跟人的關係有關，所以這種自我認同就是生理上的、心理上的、社會上的。

最後一種自我認同，我們有時候稱之為「大我」的自我認同。大我指的就是，他不再把注意力放在人際關係上，而是放在自己和自己的關係上，他向自己的內心探索。有的人會突然產生某種領悟，舉例來說，他突然發現自己跟自然之間建立了某種聯繫，突然覺得自己的「天目」開了，仿佛自己在天和地之間建立了某種聯繫，從而更多地去聆聽大自然的聲音。有人把一個人獲得了這種「大我」之後所產生的快樂叫作「大快樂」。

怎樣才能達到這種「大我」、「大快樂」呢？第一點，**要到一定的年齡；第二點，要有一定的閱歷；第三點，要有一定的見識——見識就是多看世界，行萬里路，多讀書，多跟有趣的人交談，你可能真的會產生一種更大的自我認同。**

我們常人通常把注意力、精力都放在了身邊的瑣事上，關心的多是油鹽醬醋茶。但是有的人，如劉慈欣（中國科幻小說作家，代表作有《超新星紀元》、《三體》等），他寫的書全部是關於宇宙的，你不知道他的思想是怎麼來的，他有豐富的想像，他關心的可能是火星、冥王星和海王星，思考的問題關乎人類遙遠的未來。

你的自我認同在哪個級別，取決於你的眼界、你的見識。

PART Five

建立：

用新生的自我，
面對人生

篇・章・重・點

內在小孩對於人生不同階段的影響

生育	母親的內在小孩對於生育與教養都會產生創傷的代際傳承。
青春期	青春期的孩子內在會有劇烈的轉變，要學習跟內在小孩和平相處。
性別	男孩的內在小孩意象：哈姆雷特、孫悟空 女孩的內在小孩意象：灰姑娘
夫妻	夫妻關係中的內在小孩，往往反映早期父母親如何對待小孩，好的父母就會有有好的關係的延續。
老年	會產生擁有疾病、孤獨感、對死亡產生恐懼、希望有尊嚴活著等的內在小孩。
職場	職場同事會有父母或是手足關係的投射，內在小孩也會影響職場人際關係的互動。

第23堂

內在小孩如何影響生育

一個內在小孩，或者說一個母親的內在小孩是如何影響下一代，這也叫作創傷的代際傳承。

內在小孩如何影響女性生育？這是個很好的問題，所以我們來分析懷孕跟心理的關係。

如果留意因不孕不育而領養孩子的家庭，你會驚奇地發現有的結婚六七年甚至十幾年無法懷孕的人，在領養了孩子後一兩年之內就懷孕了，而且這個現象很常見的。這說明什麼？這就說明懷孕真的跟心理有關係，因為領養了孩子就意味

著精神上沒有什麼壓力了，結果就懷孕了。

母親擁有不被期待的內在小孩

如果一個特別期盼生男孩的家庭生了女孩，這個女孩可能有各種各樣糟糕的待遇。比較輕的是不被看見，遭到父母和其他家人的冷落，或者她的媽媽因為生了女孩被奶奶侮辱、虐待，轉而把惡劣情緒發洩到她身上；較嚴重的情況下，父母會把這個女孩直接送人了。

還有更為糟糕的情況，舉個例子，有一個四十多歲的女性，跟她媽媽像結了仇一樣，怎麼結仇的呢？她媽媽在她長大以後曾經開玩笑地跟她說：「你前面都是姐姐，生了你以後，你奶奶對我也不好，我真的就想把你弄死。」她媽媽告訴她這些，可能一方面是感慨當年養這個孩子非常苦，一方面應該也是心有愧疚，感覺對不住女兒。

可是女兒聽了以後，你可想見她是什麼感覺。這不僅僅激起了她對媽媽的仇恨，而且也在她內心打下了對自己性別不認同的底色，甚至嚴重到她可能對於自己未來生孩子這件事也形成恐懼，對自己未來生的女兒也是抱有敵意的。也就是說這件事情會導致她形成一個對女性敵視的內在小孩；不認同自己的性別，當然她就會對自己的孩子，特別是女孩抱有敵意。

有重男輕女觀念的媽媽對男孩來說就好嗎？也不一定。那些沒有被正當對待的媽媽，即使有了兒子，也可能傷害孩子。她的內在小孩就是一個不被認可的孩子。因為她自己從小到大的感覺就是自己不被認可，所以她對自己的孩子也有一種敵意，就是「我沒有得到我父母好的照顧，我憑什麼好好照顧你。」

早年的創傷和內在小孩對生育的影響

創傷特別嚴重的內在小孩都是「小人」，我們說小人就是自私的、唯我獨尊的。所以你可以看到，這種內在小孩會影響懷孕，會影響對孩子的教育，有的時候這種內在小孩還會隔代遺傳。

有一名學生告訴我，她已經流產了三次，她跟老公的關係很好，非常擔心自己以後不能生育。她說雖然這三個孩子沒有出生，但是她覺得，「我能夠懷孕了，我能夠養孩子了」，即便沒成功，她也特別欣慰。她把這三個胚胎都當作生命，起了名字，每一個她都配上一個玩偶代替，也會帶著這些玩偶到處旅行。

後來，有一天她跟我說：「我知道為什麼這三個孩子我留不下來，那是因為我媽媽也流產三次。」我跟她說，第四個就能生下來了。實際上，這是與她的潛意識做的連結。過了一年，她給我寄來了照片，還說，「你看，我的孩子出生了。」

這很奇特，對不對？她媽媽流產三次，她是媽媽的第四胎。於是，她用同樣的流產次數，這種方式來向媽媽「致敬」，也就是她把媽媽的創傷在自己身上重演了一遍。

在象徵層面上來說，第四個孩子就是她自己，她把自己生出來了。她只有到第四胎才活得下來，所以這是特別奇特的心理現象。你可以看到的就是，一個內在小孩，或者說一個母親的內在小孩是如何影響下一代，這也叫作創傷的代際傳承。

所以我們說，對於心理上的作用，早年的創傷和內在小孩都會影響女性懷孕。一位婦產科的朋友說，現在有很多年輕人不生小孩，很多都是女性輸卵管的問題，當然也有子宮內膜的問題。男性則主要是精子活動能力的問題。他們說男性的精子在活動的時候，除了精子的活動力高不高之外，現在發現精子活動還有一定的方式，如它是不是旋轉式前進，因為精子要進入卵子時需要鑽進去。在臨床檢查中發現，某些男性的精子不僅活力不足，而且運動的時候沒有旋轉，至於原因，可能是營養不足、壓力大等等，可能也還有心理因素。

修補養育過程的童年創傷

在養育方面，內在小孩的影響就更大了。譬如，一個朋友對我說，在她的孩子四個月大的時候，她因為工作關係，要給孩子斷奶。可是她的乳房出現了劇烈的疼痛，她擔心是乳腺炎、乳腺堵塞，但是去做檢查卻沒有任何問題。

她的家人跟她說，如果她要斷奶的話，她就不能抱孩子，她抱孩子，孩子就要喝，奶就斷不掉。所以她就漲奶，大概漲了一兩個星期，乳房痛得不得了，檢查仍沒問題。有一天她管不了那麼多了，她又想她的孩子了，就一把抱起孩子，那一瞬間，她說她的疼痛奇蹟般地消失了。

她小時候也是四個月時斷奶，大家要知道，那個年代給孩子斷奶的辦法就是在媽媽乳頭上塗上辣椒水或者苦瓜水。孩子去喝奶吃到苦瓜水，就不敢再喝奶了，因為特別苦。那麼小的孩子受到這樣強烈的刺激，又不明白怎麼回事，內心就會產生恐懼感。

所以，她的內在小孩從此就對媽媽的乳房產生這樣的認知：媽媽的乳房是有毒的。一直到她二十八歲生孩子的時候，這個記憶一直在。你可以看到一個內在小孩的記憶是多麼頑強，可以埋在她的心中如此之久。

當她的孩子治療了她的乳房疼痛後，她突然醒悟：她的媽媽曾經那樣對待過她，她不應該再這樣對待自己的孩子。

中國民間有句老話，「月子裡的病，月子來治」，它並不僅僅是指治療生理上的腰疼、關節疼，它還指治療過去留在母女、母子之間的怨恨，一些沒有解決的衝突和遺留下來的傷痛。所以在養育的過程中，身體出現的各種莫名其妙的症狀，既是創傷的表達，同時也是創傷的治療。

朋友告訴我，她已經給兒子餵母乳十四個月了，正在糾結要不要斷奶。我說：「為什麼已經餵母乳十四個月了你還會糾結要不要斷奶？」她說：「因為我十四個月大的時候媽媽懷上了我弟弟，就幫我斷了奶。」我說：「好，等你孩子十六個月的時候再給她斷奶。」過了二個月，她告訴我，她已經讓小孩斷奶了，而且沒有任何糾結。

你看，她之所以在給孩子斷奶這個問題上糾結，並不是因為要不要斷奶這件事情本身，而是在她自己被斷奶的過程中感受到的「媽媽不愛我了」。這個內在創傷在提醒她：給孩子斷奶會讓孩子心理受傷。可是，因為她自己在十四個月時被斷奶，她就覺得十四個月大的孩子應該斷奶，所以十四個月就成了她的一個關口。我就多給了她兩個月，說你可以餵到十六個月，突然一下就解開了她的糾結。

這些例子都表明內在小孩受到傷害後會影響自己生育和養育。當然還有很多歷史悲劇，本書僅是拋磚引玉，大家可以自己去琢磨。

第24堂

青春期的衝突：學習跟內在小孩和平相處

家庭作為一個能讓孩子的種種衝動平安著陸的港灣，家庭的穩定和接納，家人的陪伴和關心，對青春期的孩子而言是非常重要的。

一般來說，青春期的孩子常常會有一些比較激烈的衝突，在行為上容易走極端。他們叛逆，甚至可能會有某種反社會的行為，再加上青春期對「性」有些萌動，這個時期的孩子特別容易情緒激動，所以這個階段往往衝突頻出。過去一些沒有解決的衝突，可能在這時候再一次爆發出來。不過，只要衝突暴露出來，就有解決的辦法，因此這可能也是一個解決衝突的機會。

青春期的內在轉變

哪些衝突能夠得以解決呢？有些創傷的內在小孩，可能會在青春期的時候表現出來。譬如，小時候因為缺少父母陪伴，或者遭到父母虐待的創傷，到了青春期以後，在孩子已經長大、有肌肉、有自己的想法時，可能導致孩子的很多想法都是很偏執的。

這時候，如果父母還是像以前一樣管束他、嘮叨他甚至打他，他對父母的這些做法就會特別抗拒。譬如，有的父母會打孩子，到了青春期的某一天，這個孩子會突然把父母鉗制住，並且表示你要再打，我就要還手了。這種舉動可能會讓父母突然意識到孩子已經長大了，不能再打他了。

還有的情況，父母有一方經常出去打牌，或者有家暴行為，甚至有外遇，孩子到了青春期，對這類事情開始反抗起來，他就變成父母中弱勢一方的保護者。其實，他保護的並不是弱勢的父親或母親，而是在保護他自己。**他在弱勢一方的**

身上看到了自己內心那個有創傷的內在小孩，在保護他的同時也釋放了青春期特有的內在小孩的情緒。

青春期的內在小孩的特點

一、肌肉型：努力健身想要變得更強大

有的青少年覺得自己很弱小，想改變特別弱小、自卑的自我，就拼命健身，很多年輕人的腹肌、三角肌都是在青春期的時候練出來的。這類青少年的內在可能有一股特別強的力量，總想戰勝別人，顯示自己的力量，所以他特別熱衷於健身，不僅要練出健美的肌肉，可能還要每天跑步、做仰臥起坐，瘋狂地練啞鈴，使自己的身體變得特別強大。

你或許認為這樣的孩子一定是勤奮、自律、陽光的。其實，一個人如果特別執著地鍛鍊身體，往往是因為他內心有一個自卑的孩子，所以他想透過外型的強大、肌肉的健壯，讓自己感覺好像變得更加強大。有時候，他可能還會在外面打

架，打架的時候下手可能就不知輕重，有時候還可能因為受別人的唆使，或者自己一時衝動，而做出一些反社會的行為。

肌肉型的小孩在青少年時期的表現是比較突出的，這也是「自古英雄出少年」的重要原因。這個特點如果被好好利用，就會成為打好人生事業根基的黃金機會，這個特點也就得到了昇華。要讓這個特點比較突出的青少年去練武術，參加體育運動、競技比賽等。

但是，如果受到某種原因的激發，他也有可能做出反社會的行為。那麼這時候，我們的社會能夠在多大程度上容忍這種行為，能夠有多少空間給他？這是一個問題。要記住，這個年齡的孩子的特點就是他的行為是不受控制的。

二、容易性衝動

青春期的時候身體開始發育，孩子開始有了性衝動。青春期的孩子如果受到了一些蠱惑或引誘，可能會參與一些性犯罪的活動，將欺凌、霸凌同學的行為發展為性侵犯。

所以在這個時期，家庭的教育是很重要的。家庭作為一個能讓孩子的種種衝動平安著陸的港灣，家庭的穩定和接納，家人的陪伴和關心，對青春期的孩子而言是非常重要的。

當然在性的方面，孩子還需要有社會的指引。社會如果能對早熟的孩子有一定的接納度，再用一些有益的活動去分散他的注意力，並加以正確引導，對孩子進行一些生理衛教，將會發揮重要的作用。

在青春期，性衝動是一個很常見的行為表現。這個時期的孩子，可能會有性幻想，甚至在夢中的性對象是自己班上的同學、生活上熟悉的人，這會讓他產生特別強烈的羞恥感。

三、特別自責、內疚的羞恥感

青春期的內在小孩的第三個特點，也就是羞恥感。每個人內心都可能有特別自責、內疚的羞恥感，並且在青春期的時候特別嚴重。在這個時期，孩子對自己的表現很在意，有很多東西會讓他有羞恥感，譬如學業成績不好，太早熟但覺得對方看不起自己，因為有性幻想而覺得自己不純潔，第二性徵的出現等等。

青春期有羞恥感的內在小孩的存在，導致了這個年齡層特別典型的表現被稱為**「社交恐懼症」。青春期的孩子如果喜歡一個人，就會總是不由自主地去偷偷看對方，又怕被別人發現，所以就總是用餘光看人，男孩女孩都有這種情況。**但即使用餘光偷偷看，他心裡還是很擔心自己的心事被窺見，害怕別人會發覺他的餘光，甚至知道他內心的想法。擔心別人發現自己餘光中的秘密。這種狀況又稱「餘光恐懼症」。另一種社交恐懼是害怕別人如何看自己；這跟自我價值感有關係。青春期的孩子對自己有「完美」的要求，害怕別人發現自己不完美的一面。

舉例來說，有個很漂亮的女孩，大概十五六歲，她總覺得自己全身都流動著氣，連路都不能走了。她去了很多地方治療，都治不好。後來有一個學過中醫比較有經驗的女醫生給她把脈，對她說：「你的身體沒有什麼問題，你能不能告訴我，為什麼你覺得你身上都是氣？」

女孩告訴這個醫生，她一直都是班長，學業成績好，大家都很尊重她，她對自己也很滿意，可以說在班上如女神一樣的存在。但是有一天，她可能吃了紅薯之類的食物，在教室裡上自習的時候，她突然放了一個響屁。因為教室裡很安靜，所有同學都聽到了她放屁的聲音，大家就哄堂大笑。

她覺得這件事嚴重損害了自己在班上的女神形象，總覺得別人看她的眼光和以前不一樣了。從那以後，她變得非常緊張，每次進教室的時候都特別擔心再放屁，所以她走路的時候都小心翼翼地踮著腳尖走。但是，她越是害怕，越是覺得有特別多的屁要放，老是覺得身體裡全都是氣。所以她就不敢走路，害怕一走路就把屁給顛出來了。

在這個女孩身上，我們可以看到典型的青春期表現。每一個青春期孩子的內在小孩既是特別自卑的，又是特別自大的。她的這種想法和她希望自己特別完美的心理才導致了她的病理症狀。

四、存在認同偏差或者缺乏認同感

青春期的內在小孩的第四個特點，就是會在時間、性別、身份等問題上存在「認同偏差」或者「缺乏認同感」。

缺乏時間認同表現在於他對時間的流逝完全沒意識，他睡覺可以睡一天，打遊戲可以打通宵。性別認同的問題就是他不確定自己是男是女，以及自己被指派的性別位置。此外，還有身份的認同問題、自我價值的認同問題；他要做一件事情，可是他不清楚這件事情到底要怎麼做。

也就是說，**一個人在出現認同問題的時候，他對這件事情就表現得懵懵懂懂的。我們稱為「自我認同不清楚的內在小孩」**；所以，你跟一個青春期的孩子在一起的時候，會覺得他說話前言不搭後語，做事不守承諾，常常睡眼惺忪、心不在焉，給人一種很混亂的感覺。這也是我們要去理解的，因為這就是青春期的特點。

第
25
堂

女性和男性的內在小孩大不同

男孩要去探索，要戰勝他的父親，要以他的父親爲範本，最後和父親達成和解；女孩最終認同的身份還是母親，雖然她有一段時間會出去探險，離開母親結婚，但是她最後還是會回歸女人的身份，回歸到媽媽的身份。

男性和女性的內在小孩有什麼差別？

我們可以透過一些童話故事來理解這個問題。女人都有一個公主夢，所以可以說女人的內在小孩都是一個公主。但是還有一個童話叫作灰姑娘，女人的另外

一個內在小孩就是灰姑娘了。一個幸福美好的、有穩定生活、被父母呵護的女孩，她的內在小孩就是一個公主，但是如果在成長過程中沒有得到很好的呵護，她的內在小孩可能就是一個灰姑娘。

我們知道，灰姑娘沒了媽媽，爸爸給她娶了個繼母，繼母對自己的親生女兒百般疼愛，卻將灰姑娘視為女僕。灰姑娘在廚房裡幹活，在廚房裡的柴堆上睡覺，穿的都是破爛衣服，整天灰頭土臉的，所以大家都叫她灰姑娘。

擁有灰姑娘內在小孩的女性

其實，灰姑娘是中文的翻譯，她的英文名字叫 Cinderella，意思是「未知」，就是說一個失去母愛、被父親忽略，還被繼母虐待的女性，她以後的前途，她能夠成為什麼樣的人，都是未知的。

當然在童話故事裡，大家理解的是她的現實。可是從心理學角度看，一個女性要成為女人，必須要克服二至三關。

第一關，她必須離開母親的呵護，比如，灰姑娘失去親生母親。

第二關，她必須經受惡母的為難。我們現在的一些惡婆婆、繼母有時候就是這種代表。當然這也說明，一個女性自己內心可能有邪惡的部分。

第三關，她必須有一個男性的支持，可是男性有時候可能很忙，照顧不過來。所以在灰姑娘故事裡，她的爸爸完全是失職的。在經過這三關以後，她才能被王子碰上，當然中間可能還有一些小小的幸運，有小精靈來幫她，幫她把南瓜變成一輛馬車，變出水晶鞋諸如此類。

總而言之，這個故事隱喻了這樣一類不幸的女孩，她們的內在小孩都有被虐待、不被理解和對自己性別身份不認同的內在創傷，她們渴望自己被看見、被欣賞，從而綻放自己的生命之花。

擁有公主內在小孩的女性

那麼，生活富足、被父母寵愛的女孩的內在小孩是什麼樣的呢？

格林童話裡有一個故事「放鵝姑娘」。在這個故事裡，有一個深受王后寵愛的美麗公主，公主長大後要遠嫁另一個國家的王子。出嫁的時候，王后給了她很多嫁妝，包括可以幫公主傳遞消息的馬和隨身陪伴公主的侍女。

可是這個侍女很壞，在路上逼著公主交出了她所有的嫁妝，並和她互換身份，恐嚇公主不得說出實情。這個侍女就冒充公主嫁給了王子，而公主則被當作侍女，被國王派去牧鵝。後來公主的種種異常舉止引起了國王的注意，國王追問出實情後懲罰了假公主，恢復了真公主的身份。

從心理學角度看，這個童話講的是內在小孩養尊處優的女孩，在媽媽的呵護和寵愛下長大，離開媽媽之後的經歷就會特別艱辛。這一類女孩通常有以下幾個特點。

第一個特點是她的成長中沒有爸爸的介入，第二個特點是她到了某個年齡一定要離開她的母親，遠行或者遠嫁，第三個特點是她在自我成長路上，無法再依靠自己以前所擁有的一些優勢，故事中，公主的嫁妝和衣物被奪走，通靈的馬被殺掉，甚至自己的身份也被掩蓋。只有在失去所有的依靠後，她才會逐漸地自我獨立。

我們在生活中也可以看到，有很多小時候養尊處優的女孩，在畢業、嫁人、生孩子之後，很多具體的事情必須要親力親為，然後她才逐漸成長為一個獨立的女性；如果她一直待在娘家，躲在父母的懷抱中，可能她最後的生活也未必幸福。

為什麼？這種在蜜罐裡長大的孩子往往很漂亮，教養很好，家境也很好，但是可能對事情的看法還停留在理想世界中，無法適應現實世界。所以，她跟丈夫的關係、跟同事的關係都不會那麼好，原因就是，她的公主般的內在小孩把別人對她的照顧、對她的好都當成理所當然的，而自己卻完全沒有為別人奉獻的意識。

所以無論是受寵的公主般的內在小孩，還是有創傷的灰姑娘般的內在小孩，她們兩個人的境遇都可以說明女性不同的命運。

男性的內在小孩象徵：哈姆雷特與孫悟空

而對於男孩來說，哈姆雷特就是一個非常重要的內在小孩的代表。按照西方心理學的說法，男孩是要「殺死父親」的。因為兒子在內心中要戰勝的就是他的父親，他的父親最終要放棄父親的權威，這一過程就是我們說在精神上殺死父親的過程。

這並不是在現實中殺死父親，而是說兒子能夠克服對父親的恐懼、對權威的認同，從而成為一個真正的男人。

哈姆雷特要殺死他的叔叔，要去冒險，要擺脫色的誘惑，要戰勝狂風暴雨的阻攔，最後他要擺脫舒適圈，這樣他才能回到他的家鄉。

一個男孩最終要成為一個男人，他可能要「殺」死一些人，要離開一些人，要遇到一些困難，最後他才能成為國王。

你可以看到，中外的神話有異曲同工之處。大家所熟知的《西遊記》，孫悟空會七十二變，會使用筋斗雲，曾遇過各種打壓危難，被關進煉丹爐裡、壓在五指山底下，你怎麼折磨他，他都死不了。

他經常違背師父的意願，一意孤行。雖然他在外面經常惹事，但實際上，他做的都是好事，而且他最能夠辨別妖精。所以孫悟空實際上是一個男孩的內在小孩的典型的代表，調皮、聰明，是打不死的小強，勇敢挑戰權威。

我們現在教養男孩都太乖了，就是人們常說的「媽寶」。其中一個重要的原因就是缺少父親的引導。父親的形象，甚至父親的高壓，對男孩的成長都非常重要，這就是男孩認同的範本。

當離開了母親的懷抱以後，他就必須去家庭以外接受挑戰，去冒險，去挑戰規則，反抗權威，對抗父親，最終與父親達成和解，形成自己的經驗和對世界的認識。所以男性的內在小孩跟女性不一樣，總結起來就是，**男孩要去探索，要戰勝他的父親，要以他的父親為範本，最後和父親達成和解；女性最終認同的身份還是母親，雖然她有一段時間會出去探險，離開母親結婚，但是她最後還是會回歸女人的身份，回歸到媽媽的身份。**

為什麼女性得憂鬱症的比例要比男性多一倍？就是因為她們的身份轉換有兩個階段，首先要離開母親，投向外面的世界，然後再回到女人的角色，回到媽媽的角色。而對於男性來說，他只要離開母親，這件事情就成功了一半。他離開母親後，到外面奮鬥、探索，接受各種各樣困難的阻礙，在這一過程中，他也就真正成了男人。

第26堂 夫妻關係中的內在小孩

夫妻關係中表現出來的內在小孩，往往能夠反映出早期父母親是如何對孩子的，然後還把這種關係延續下來。有好的父母當然就有一個好的關係的延續。

蘇格蘭的精神分析心理學家羅納德・費爾貝恩（William Ronald Dodds Fairbairn，被譽為「客體關係理論」之父。），他提出，夫妻之間互動的模式有兩種類型：一種類型叫作興奮型，另一種類型叫作挫折型。就是說，一個人在找他的另外一半的時候，可能會依著父母對他的態度去找，因為父母對孩子的不同態度，會在孩子的內心形成兩種截然相反的內在小孩：**興奮型和挫折型**。

興奮型與挫折型內在小孩的夫妻關係

什麼叫興奮型？就是不管你需不需要，反正媽媽覺得你餓，她就要餵你吃；不管你是不是覺得熱，反正媽媽覺得你冷，她就一定要你穿長褲。像這種不顧一切照顧孩子，過度地保護孩子的母親，就在孩子內心中形成了一種特別興奮的母親的形象。這類孩子的某些衝動有可能就比一般人要大，他吃東西就要吃得多一點，買東西要多買一點，不管有沒有用，先買了再說。

我們可以想像一下，這種孩子以後找伴侶的時候，因為內心有一個悉心照顧自己的、興奮的母親形象，所以他可能要找一個要照顧他的伴侶。兩個人碰到一起就會一拍即合，一個願意做事，另一個願意躺著；一個願意吃，另一個就去點外賣。這樣的組合就比較和諧，即一方是需要被照顧的，而另外一方喜歡去照顧別人。

什麼人願意照顧別人呢？那就是具有挫折型內在小孩的人。在對待孩子的態度上，和興奮型父母相反，挫折型內在小孩的特點就是，孩子想要什麼東西，孩子的一些願望，父母都不滿足，不僅不滿足，而且給予打擊。父母心裡會想：你要吃我偏不給，而且還要教育你，爸爸媽媽這麼辛苦，賺錢這麼不容易，你就想著吃。

我記得余華寫的《許三觀賣血記》一文，曾經描述過食物匱乏的感覺，一家人沒東西吃，爸爸就說我躺在床上給你們講故事，然後爸爸就給孩子們描述了各種「山珍海味」。

譬如，我現在要炒一個豬肝，豬肝先加黃酒、醬油、鹽，然後把它切碎，在鍋裡加蔥炒。聽到爸爸這麼講，屋子裡就一片吞口水的聲音。這個場景當然特別令人心酸。父親再怎麼說，對於餓的人來說，對食物的想像只能加重饑餓感，所以它不是一個好的解餓辦法。

像這種情況，如果你特別缺乏某個東西的時候，你得不到它就是個挫折，如果是別人有意讓你得不到，那就更是一個挫折。父母說你這次成績考了多少分以後，我才給你買東西，否則，什麼和同學玩耍，玩手機遊戲，或者是其他什麼娛樂，爸媽全部取消。挫折型的孩子從小到大在父母的教養體驗到的都是拒絕，甚至是打擊。

移情：不斷重複的情感關係

一個內在小孩如果老是感受挫折的話，他可能內心就覺得自己不配得到更好的。在多子女家庭中，常常是老大帶弟弟妹妹，父母就常常把這種挫折感給大孩子，說：「你是老大，你應該讓著小的；你是老大，你應該承擔起家庭的責任，幫母親分擔。」所以作為老大，他就習慣性地像照顧弟弟妹妹一樣去照顧別人。

在夫妻關係中，為什麼有的人在家裡什麼活兒都不做，而另一個人就像僕人那樣拼命地做家務等，而且還可能挨罵。如果按照費爾貝恩的理論，這個現象就不難理解了。

曾經有一對夫妻，丈夫的社會地位很高，是一名醫生，妻子是一名護士。這個丈夫在家裡什麼家事都做，妻子卻無所事事。可是後來妻子居然和工作場所的一名工人有了不正當關係，這對夫妻因此離婚了。

離婚後，她和那名工人結了婚，工人的家庭關係特別複雜，她進入那個家庭後，從買菜到做飯什麼事情都做。大家對她的做法很不理解：她原來嫁給醫生，有社會地位，在家裡還像個公主似的什麼都不做，現在嫁的是工人，倒像個丫鬟一樣，什麼都要做，為什麼？

其實，她的內心早年是個挫折型的客體，她的父母對她是不好的，所以她就給自己「內定」了個丫鬟的角色，丫鬟是不能當公主的。有一天，她突然升級當了公主，她就會全身難受，所以她必須要改變自己的角色。怎麼改變呢？她就要把自己在關係中處於丫鬟角色的情感投射到另外一個人身上，這在心理學上叫移情，即新的關係模式讓她不自在，只有在舊的關係模式下她才是自己，這是件很可悲的事情，但是沒辦法，這就是命運！

命運是什麼？就是如果你的父母沒有善待你，你的內心可能會一輩子都在尋找善待你的「父母」，可是你找來找去，最終還是找到了一段和虐待你的父母一樣的伴侶關係，這就變成了一個特別悲劇的結果。關係如果老是在重複，是移情作用，只有把關係改變了才能增加情感經驗。

施虐受虐型內在小孩的夫妻關係

夫妻關係中的內在小孩還有施虐、受虐型。早年一位同事，在德國讀博士，可是他在博士答辯前被員警抓了，原因是他妻子報警控告他家暴。員警過來詢問，如果情況嚴重就要拘留他，他也就無法進行博士答辯了。他想勸他的妻子，就讓我幫忙求他妻子開門，他端了一鍋雞湯給妻子送了進去，到了第二天，兩個人和好如初，他也順利地參加了博士答辯。

那時候他確實有家暴行為，還不只一次，而且下手還挺重。有一次我們一起騎車郊遊，他妻子和另外一位男同事迷了路，大家走直線先到了目的地，他妻子和男同事走了彎路，到的晚一些。結果妻子一下車，他一拳頭就把妻子打倒在地，我們都沒見過這個架勢，男人打女人，而且是丈夫打妻子，還當著大家的面打，大家完全不可思議，所以有很多人義憤填膺，勸他的妻子跟他離婚。

三四十年過去了，我現在回想起來，勸她離婚的那三對夫妻全部都離婚了，而這一對夫妻現在大概將近五六十歲了，時常可以看到他們在街上牽著手，優哉遊哉，一副非常愜意的樣子。

所以，在創傷心理學裡有一個特別心酸的名詞是「**不穩定的穩定**」，就是你打我，我們就吵架，只有受到威脅的時候，我們的關係才叫穩定，這是不安全的安全。父母經常威脅孩子說，「你再不聽話，我就把你扔了，你要是再不怎麼著，我就打死你」諸如此類。**小孩經常聽父母說這樣的威脅話語，就形成了一個習慣：他會覺得有人對我施一點虐，這種關係才叫親密關係，因為我的父母就是這樣做的。**

所以你會發現，有酒鬼父親的女兒以後找的老公可能也是個酒鬼；有家暴傾向的父母的孩子以後找的伴侶可能也會家暴，當然不僅僅是男的打女的，也有女的打男的。這種關係就形成了一種夫妻關係中的施虐、受虐。

創傷的代際傳承

夫妻關係中表現出的內在小孩，往往能夠反映出早期父母親如何對孩子的，然後還把這種關係延續下來。有好的父母當然就有一個好的關係的延續，有壞的父母，這種關係就會以創傷的方式傳遞下去，我們稱為「**創傷的代際傳承**」。

處於創傷關係中的夫妻看似是彼此選擇結合在一起，並且兩個人不一定會離婚，甚至可以一起生活很長時間，但其實對於小孩來說，當體驗到父母的這種關係的時候，他內心中有個想法就是「他們還不如早點離婚算了」。

因為父母會把這種關係以某種方式傳承給他們的孩子，而他們的孩子內心感受是崩潰的。所以我們要去理解，夫妻關係中的這種有創傷的內在小孩在選擇這種關係的時候是不由自主的，你說他們有多幸福，我看也未必，它只是創傷的延續。

第27堂 老年人內在小孩的需求

如果在漫長的人生舞臺上已經找不到自己的價值，老人就會覺得或者擔心自己活得沒有尊嚴。這時候的內在小孩就需要承認自己的自我價值，保護自己的尊嚴。

人年紀大了以後，有一些特別的情況會發生。第一個就是身體不再健康，變得衰老，並且可能伴有疾病。作家蘇珊・桑塔格（Susan Sontag）說：「其實我們每個人都有兩個王國，一個叫作健康王國，另一個叫作疾病王國。每個人都喜歡待在健康王國裡面，當健康王國的國王，但是遲早我們都會成為疾病王國的國王。」

有疾病的內在小孩

換句話說，我們在年紀大了以後，一個有疾病的內在小孩就會出現。有疾病的內在小孩是怎麼回事？一個孩子在很小的時候，他生病了會如何處理？首先，他要到陌生的地方，見到陌生人，如到醫院去，見到醫生、護士；其次，可能還有傷害，如打針，或者用儀器探入身體做檢查；再就是和家人分離，醫院採取的隔離措施等。雖然有疾病的內在小孩知道這些措施是在治療你，但是卻有很大的不確定性，帶有侵犯性、使人痛苦，你可能要脫下你的衣服給別人窺探。

這樣的內在小孩會有分離的意向和融合的意向，別人可以進入你的身體，還會帶來強烈的羞恥感以及不確定感。這是有疾病的內在小孩的一個意象，當然在醫院裡也有比較好的一些意象，如護士在一定意義上就像代替了母親，因為她會撫摸你，幫你量體溫，打針疼的時候，她會拍拍你，說一些安慰的話。

所以，很多老人到了醫院裡，就會撒嬌，因為他在家裡得不到溫暖，到了醫院，他就很願意讓護士來幫他量血壓、聊天，甚至願意讓護士、醫生去檢查自己的身體。所以實際上，有疾病的內在小孩有兩個，一個是恐懼的內在小孩，另一個就是撒嬌的內在小孩。

恐懼的內在小孩會化身為不合作的老人，因為他非常害怕自己被診斷出疾病，會失去自主性，所以他變得特別偏執、倔強、對抗、不合作。而撒嬌的內在小孩就會天天撒嬌，求關注。

內在小孩的孤獨感

在老年的時候，除了疾病以外，還有分離。人在年紀大了以後，一些老同學、老朋友，病的病，死的死，經常面臨生離死別。到了六七十歲以後，可能很多人就不想再參加同學聚會了。因為每參加一次，就發現又有一些同學離開人世，而且自己也逐漸行動不便。

所以慢慢地，內在小孩的孤獨感就出來了。這個也是小孩常常有的一種感受，每當他自己要去上學、父母離開時，他都會有這種深深的孤獨感。而老人因為生活圈子的日漸萎縮，他的內在小孩的孤獨感會更加明顯。

如何療癒這種孤獨感呢？在過去，人們住的是幾代同堂的四合院，這種形式能夠療癒這一部分的孤獨感。但是現在，幾代同堂的情況幾乎不復存在，特別是在城市裡面。現在常見的變通辦法是父母和兒女在買房時買在同一個社區或者相距不遠，孩子坐月子的時候，還是由母親過來照顧，或者是由爺爺奶奶或者外公外婆來照顧孫子，老人生病的時候，兒女照顧起來也方便。

西方文化從心理治療角度，認為個體應該從原生家庭中分化出去，否則就是分化不良。可是從**中國傳統文化的角度來講，所謂的家庭是一個單位，確切地講，核心家庭加上原生家庭才是一個單位，而不是僅有小夫妻的核心家庭。**

現在有很多老人說，「我終於等到自己退休的年齡了，我要出去旅遊，我不要幫你帶孩子，我們已經帶了一輩子的孩子了」。但實際上，你會發現，只有在看著自己的後代成長，培養跟孩子的關係，在照顧孩子的過程中，才能形成親密關係。從這個過程中獲得最大的樂趣，當然不是所有的人都同意，但是就消除老人的孤獨感而言，旅遊交友、培養愛好都抵不過親情。所以我們會覺得，**親情、天倫之樂是解決孤獨的內在小孩最好的途徑。**

對死亡產生恐懼的內在小孩

老年人的第三個內在小孩就是對死亡的恐懼的內在小孩。隨著年齡的增長，老年人身體越來越不好，聽到的死亡的消息越來越多，自己可能也真的診斷出了一些疾病，因此會夢到死神，會從周圍的一些資訊中嗅到死亡的氣息。所以，有些人開始出現一些對抗死神的做法，就是所謂的養生和保健。買保健藥品，買保健儀器，買各種藥物，實際上都是花錢買安慰。

我的一個朋友的媽媽，退休金比較寬裕。有一次他就發現他媽媽花三四萬元買了一堆保健食品。雖然她買回來的保健食品大都沒什麼效用，但是有一點是有用的，那就是她的心情。

因為你沒辦法解除她對死亡的恐懼，但她買這些東西以後，心情會感覺好一些。所以她是在花錢治療她的死亡恐懼。如果一個人對死亡恐懼，他總要去做一些事情來緩解，你還不好說他做得無效。從某種意義上來說，他在這個過程中，可能還獲得了一定的樂趣，增強了人際交往。他們形成一個群體，這個群體有自己的信念，而且大家在一起這件事本身，也可以對抗對死亡的恐懼。

如果作為子女沒有時間陪伴自己的父母，就不要埋怨銷售養生品的業務員，他們之所以能夠銷售商品，是因為他們比你還瞭解父母的身體狀況和心理需要。

要有尊嚴地活著的內在小孩

步入老年以後，除了前面說的疾病、孤獨和怕死等內在小孩以外，還有什麼樣的內在小孩會出現呢？那就是要有尊嚴地活著的內在小孩。

步入老年的人，已經經歷了人生，已經有生活體驗，有自己的後代，也有自己的工作，他是否能夠接受自己退出社會舞臺？我們可以看到有些老人堅守崗位，一直回聘，在主管位置上不下來，或者雖然已經下來卻仍要干預別人的管理。

從表面上看，這些老人非常勵志，德高望重。但從另一方面來看，如果在漫長的人生舞臺上已經找不到自己的價值，老人就會覺得或者擔心自己活得沒有尊嚴。這時候的內在小孩就需要承認自己的自我價值，保護自己的尊嚴。因此，不是說老人就一定要退出人生舞臺，而是說他自己要在內心承認自己的有限性。

德國的一家精神病醫院，有一部分住的是症狀比較輕的阿茲海默症病人，這類病人的症狀主要是遺忘、健忘、記憶障礙，但是他們是有社會功能、生活知識。他們又在醫院旁邊創建了一所幼兒園，目的是讓這些患有輕度阿茲海默症的老人可以和幼兒園的小朋友一起玩耍。

這個方式既可以刺激這些病人的記憶，延緩他們的記憶力衰退，還可以讓他們把生活經驗跟孩子一起分享，指導孩子和保護孩子。

因為當一個人老去的時候，他就漸漸失去了和世界的連結，如何才能夠幫他建立連結呢？這家醫院解釋他們的做法：由於年紀大了，開始出現阿茲海默病症狀，這些病人就要退出人生舞臺了，可是我們讓他們可以和孩童再度生活在一起，他們還保有一定的能力去教育孩子。

第 28 堂

職場關係中的內在小孩

職場中的人際關係應該是在現實層面的，但是如果在和同事相處的過程中，你的內在小孩，而且是有創傷的內在小孩，你在職場中的關係就不再單單是發生在此時此刻的現實中，而常常是被代入到過去的某一時刻。

在心理治療的領域裡有一個很重要的名詞是「移情」，移情指的是過去在你的成長過程中，父母是如何對你的，你就會把這種關係用到以後所有的人際關係中；包括職場關係，如職場中的撒嬌、辦公室戀情，或者一些老闆對員工的控制，或者

員工對老闆有過多的理想投射，把他們當父親或者當母親一樣……這些超越工作範圍的情感關係，都是把自己和別人的工作關係拉到了過去和父母之間的關係中。

通常來說，**職場中的人際關係應該是在現實層面的，但是如果在和同事相處的過程中，你的內在小孩，而且是有創傷的內在小孩，你在職場中的關係就不再單單是發生在此時此刻的現實中，而常常是被代入到過去的某一時刻之中。**

你可能把你的老闆當作你的父親，你覺得他應該把你當作女兒；在同事之間進行工作交流的時候，你會有在家裡和手足競爭的感受，因此出現特別強烈的感覺和破壞性的競爭心理。這當然對職場生涯是有損害的，會影響你工作能力的發揮，還可能會破壞很重要的工作等。

親疏遠近的職場關係分類

對於職場關係，我們把它分成四類：**第一類是特別遠的關係**，兩個人好像一個在A端，另一個在B端；**第二類是陌生人關係**，就是那種雖然接觸很多，但又毫不相關的，比如業務員、快遞小哥。

網路上有個小短片，打電話的人說：「哎，你在哪裡？你不要這個樣子，你要照顧自己的身體，我每天給你打幾十個電話都找不到你。」接電話的人就說：「哎，你到底是誰？」對方說：「我是送快遞的。」也就是說有些同事之間打交道也不少，但兩人都是例行公事，沒有情感連結，從而形成「熟悉的陌生人」的關係。

第三類是在工作中更近一點的關係是同事關係，就是由於工作關係每天在一起，彼此間比較熟悉，熟悉彼此的秉性，甚至還知道彼此家裡的情況，所以同事關係是比陌生人的關係更近一層的關係。在比較近的關係中就容易出現所謂的移情，在能夠移情的關係中，內在小孩就容易被激發起來。

所以我們有時候會誤以為自己喜歡上了某個人，希望發生辦公室戀情，但實際上在很多情況下，你只是把他當作了自己的弟弟或父親，或者他把你當作了自己的姐姐、妹妹、母親，這只是一種關係的再現。

如果你在成長過程中是沒有被照顧過的，當在工作中有一個人來照顧你的時候，你就會覺得特別溫暖，你就願意跟他親近，這時候你們就進入了**第四類關係，那就是親密關係**。

親密關係包括孩子在成長過程中和父母形成的關係、夫妻之間的關係，還有些特別親密的關係源於早期的母嬰關係。孩子很小的時候，母親照顧他，天天給他清潔、喝奶、陪他睡覺，這是親密關係的原型。

常說「君子之交淡如水」，更何況是在職場中。如果在職場中關係太近，就容易形成小圈圈，形成小團體。在碰到利益的事情時，不同團體之間會出現一些衝突。所以職場關係最好不要加入太多私人感情或形成團體。

手足競爭型的職場關係

在職場中最常見的一種關係，就是類似兄弟姐妹之間的關係。也就是說，在職場中大家都在上級主管的領導下，都是平等的，可能有先來後到，可能有職位上的差別，但是相較大老闆來說，他們在私下經常是更接近兄弟姐妹的一種關係。而在兄弟姐妹關係中，不同的人又會有不同的角色。兄長可能代替父母去管理比自己小的孩子。所以在團體中，有一個人可能會被視為「老大」，大家有什麼事都會找他商量，有什麼事都會跟他去傾訴。

職場中的「老大」有幾個特點。**第一個是他在職時間比較長**，資歷老，這是大家比較認可和尊重他的一個原因。**第二個可能是他的年齡稍微大一些**。**第三個是他可能跟老闆的關係比較近**。在公司，老闆一般是見不著的，但是老大是經常可以見到的，所以老大是一個很重要的人物。

第二種角色，我們稱之為批判者。在家裡常常都有一個反對黨，他對這不滿意，對那也不滿意。這種性格的形成可能是因為父母疏忽他，他就透過這樣的方式引起父母注意，由於他得不到愛，所以他就用讓別人討厭的方式來引起注意。

職場中的批判者的主要表現就是他在團隊裡不合群，不是說他脫離團隊，而是每當團隊有什麼事的時候，他都跳出來提意見，說這個不好，那個不好，給人的感覺就是他是個反對黨，不招人喜歡。其實這一類人因為得不到愛，所以他的內心是比較脆弱和自卑的，就會以批判者的角色出現。

在職場關係中，為數最多的角色是跟班。這一角色又包括三類人，**第一類叫作跨世紀人才**，就是上司特別重用和關注，所有的資源都向他傾斜；**第二類是架構骨幹，職務上可能是中階主管**。其餘的大多數員工都是像磚頭、螺絲釘各司其職，這一類人一般安於現狀，每天按時上班，完成規定的工作。你若想要求他加班，或者希望他做出什麼特別大的貢獻，他其實不是特別願意，他工作的目的就是賺份薪水養家糊口，所以工作主動性不高，我們把這種角色稱為跟班型員工。

識別職場中的特殊角色：敗家子與老闆寵兒

在兄弟姐妹型的職場關係中**還有一種角色就是敗家子**，這類人為數不多，但他帶有很多負能量，也許個人生活也不是特別幸福，對人也不是特別信任。這種人在團隊裡雖然可能明著不說，但總是暗地裡「搞事」。這些人很可能還擁有某種特殊的資源，好比如他是某個上司的親戚。對於這種帶有負能量的人，就是要儘量遠離。

還有一種特殊的角色，**就是老闆的寵兒**。這個角色類似於家庭中的老么，總是受到特別的偏愛。他可能有特殊背景，如是老闆的親戚、熟人，或者是公司上級部門的親屬；可能來自名校，也可能因為辦事得力，總之深得老闆的寵愛。如果工作團隊中有這麼一個人的話，他往往有直接的通道可以和老闆溝通。大家可能很嫉妒他，但是這種人一般比較聰明，能夠討好大家，跟大家打成一片，他的優

勢幾乎是無可比擬的，所以大家儘量善待這類人。

你可以看到，在職場關係中，處在這些關係不同角色位置的人，可以透過移情的方式將家庭中兄弟姐妹之間的關係投射在職場中。總的來說，**我們要去識別職場中這種手足競爭型的關係及關係中的不同角色。**由於現在大多數是獨生子女家庭，有些人對這種關係沒有太多體會，在以前大多數家庭有四五個、五六個孩子的時候，老大是誰？老二、老三是什麼感受？老么會有什麼樣的待遇？中間還有一個是家庭的批判者。在職場中，人數眾多，所以只能呈現一個類似於家庭關係的排序：老大、老二、老三。老大是管理者，代表父母；老二代表夾心餅乾，代表著順從，要扮演服從的角色，但是有時候會要些小心眼；有一個得寵的類似於老么的角色，還有一個總是挑剔的批判者的角色。

識別職場關係中的這些人，在這些關係中打造有利於自己職場發展的關係氛圍，對於給自己鋪平一條工作發展的道路是很有幫助的。

PART SIX

整合：
用現在的自己
安慰過去的自己，
才最有力量

篇·章·重·點

自我整合開發潛能

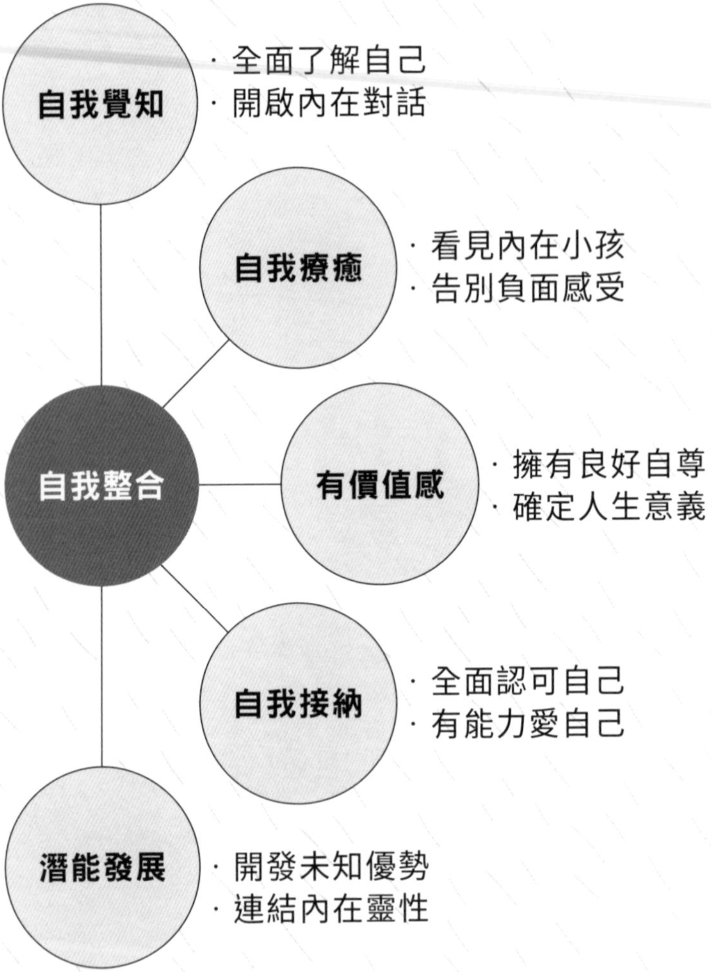

第29堂 內在之光：尋回我的赤子之心

> 一個人的赤子之心，需要合適的環境孵化。我們要保持或者恢復自己的赤子之心，就要孵化自己。

一般來說，一個人保有自己的內在小孩，好還是不好？有人說這種人是不是幼稚，是不是傻氣？

但是你會發現，有些成人為人單純，對人大大咧咧、不愛斤斤計較，因為他們可能從小家裡就不缺錢，也沒受過苦。在一般人眼裡，這些人經常做些「不划算」的事，所以很多人認為這種人有點傻氣。但是你跟這些人接觸的時候會發

現，這些人中的大多數並不像人們料想的那樣飛揚跋扈、目中無人，相反，他們大多對人特別友好，遇事沉著穩重，而且特別大方得體，我們可以把這種人稱為保有一顆赤子之心的人。

一個人的赤子之心，需要合適的環境孵化。我們要保持或者恢復自己的赤子之心，就要孵化自己。

在你小時候，如果父母沒有提供一個很好的孵化環境，你就可能沒被孵化出來，或者你雖然被孵化出來了，但是屬於提前孵化，「窮人的孩子早當家」的意思就是你提前孵化了。在你的青少年時期，你本該無憂無慮地生活，享受父母的愛和親人的陪伴，可是因為家境的原因，你很小的時候就開始打工，忍受著別人的白眼，看父母「貧賤夫妻百事哀」式的爭吵……這種生活當然也增加了你的閱歷和人生體驗，但是這種痛苦的體驗和磨難，加上生活環境的不穩定，就造成了你內心中總是充滿著不安全感。

滿足內在匱乏感：商場購物與醫院消費

那我們應該怎樣保持和挽回自己的赤子之心？

我們常說，有些小時候窮過、餓過的人，雖然長大之後生活富足了，再也不用擔心吃不飽飯了，可是他們心中總是有饑餓感，所以他們就拼命地吃。這種現象叫作「內在匱乏感」。

上文提到，保持和恢復赤子之心的途徑之一就是孵化自己。而要孵化自己，首先就要消除這種內在匱乏感。

對於消除內在匱乏感的辦法，我們可以歸納為「購物」，包括商場購物和醫院看診。

商場購物，就是我們經常說的購物狂、剁手黨，他們買東西很可能不是因為需要這些東西本身，而是為了滿足自己的購買欲望，最後買回來的東西很可能會遠遠多於自己需要的。

為什麼這些人買東西會買到停不下來呢？這是因為他們小時候的內在小孩有強烈的匱乏感，所以長大後他們才會拼命買東西。也可以說這種人是在用錢來確認自己的內在價值感。有很多人說中國大媽最厲害，她們到國外買房、買包，非常捨得花錢；她們有錢，你可以說她們是在炫富。但是從心理上分析，**她們說不定不是炫富，而是在用錢來安撫自己。她們四處撒錢，不過是把錢當作一個安撫自己的工具。所以也有人說，不要低估了有錢人的某些樂趣。**

有一對夫妻，奮鬥了好多年，終於存夠頭期款買了一套海景別墅。為了還房貸，夫妻倆整天忙於工作。而家裡的保姆，每天把家打掃完之後，就一個人坐在海景房的陽臺外面，悠閒地喝著茶，看著大海，享受著涼爽的海風吹拂。有人就感慨，這一對夫妻這麼拼命賺錢值不值得？這套房子有這麼美的美景，他們享受不了，佣人卻能輕鬆享受。

這個故事反映了一種酸葡萄心理。首先，一個人努力工作時，他的內心是很充實的，他是很有樂趣的。什麼人最有樂趣？**內心充滿希望的人最有樂趣，於是他努力工作的過程就是有意義的，內心就是充實的、有價值感的。**所以，如果一個人總是花錢安撫自己，對他來說，在這個世界上能夠用錢搞定的事情可能都是最簡單的事情。

那我們如果沒那麼多錢，買不起海景別墅，我們怎麼保持自己的赤子之心呢？到商場瘋狂購物，也是一種手段。

第二個就是醫院看診，就是頻繁去醫院。生活中有這樣一類人，總是到醫院去，身上這裡痛、那裡痛，仔細診斷後也並無疾病，但是你總會在醫院裡面碰到這一類人。

例如有些老年人，不管自費門診掛號費多高，她們都要掛這個醫師的門診，可是掛號以後她只是需要開個藥。即使醫院裡有專門開藥的便民門診，掛號開個藥就可以了，他們也不會去。他們會說：「不是的，我這麼多年來就找某某醫生看病，我每次看病的時候，他都是衣冠楚楚的，他的風采、跟我講話時的眼神和態度，這才是我需要的。所以不管他的掛號費多高，我都要見他。」

為什麼有的人那麼愛去醫院？我們可以這樣想，因為大部分人是在醫院出生的，**醫院的心理象徵意義就是母親**。醫生給你量血壓，摸你的脈搏，給你打針，都是有皮膚接觸的，前提是你要完全信任他。

那麼，醫院消費和保持赤子之心或者挽回自己的赤子之心有什麼內在連結呢？

你去醫院看診，首先要對一個醫生說哪裡不舒服，醫生就會進行檢查，量血壓、開藥，因此，**看醫生的過程就相當於嬰兒尋找母親的過程**。在醫院裡為什麼還是有老醫師要看門診，退休以後醫院還回聘他們？因為有很多老病人是跟著醫生的。這些病人在他們熟悉的老醫生找到了被自己的父母關愛著的感覺。

有一類疾病叫作軀體形式障礙。簡單來說，身體形式的障礙就是這類病人身上經常有莫名其妙的疼痛，但反覆檢查都沒有發現器質性的問題。他看過很多醫院的很多醫生，但是去一家醫院就否定一家醫院，看一個醫生就貶低一個醫生。他一開始會把醫生理想化，但最後就把醫生敵人化，經常投訴醫生、告醫院。這種情況很像一個孩子經常跟父母撒嬌耍賴。

還有些人需要做按摩、足療，透過讓身體受到強烈的刺激尋找被孵化的感覺。

維持身體的穩定性

瑪格麗特．馬勒（Margaret S. Mahler）將我們的身體和母親待在一起的階段進行了區分。大概出生後一個月以內叫作自閉期，就是他自己跟外界不要有連結。出生後的一個月到半年，是共生期，在這半年裡，他的身體會完全與外界進行接觸，然後在環境中產生某種感受。所以，孩子剛出生的頭半年特別重要，他的身體逐漸適應環境，甚至決定了他以後的生活規律，包括排便的規律、清洗的規律。

所以要孵化、保持自己的內在小孩，具體落實就是要看你的身體穩不穩定，是否經常發燒，是否經常感冒，是否經常出皮疹、拉肚子，每天的清洗規不規律、動作大不大……這些因素構成了你對他、對環境的基本信任度。**這些因素，是孩子在成長的早期，身體和「媽媽」的關係。這裡所說的媽媽是廣義的，並不單指媽媽這個人，而是一個環境，我們把這個環境叫作母親環境。**

在生活中不難發現，有很多場所，特別是服務行業，會刻意打造舒適的環境，這其實就是要營造類似於母親環境的氛圍。宜家家居（IKEA）就是一個很好的例子。宜家家居的賣場中有模擬生活現實的場景，沙發、床、桌椅板凳都按照在家庭中的擺放方式佈置，顧客身臨其中會產生一種親切又自在的感覺，心理上完全不設防，很放鬆。

老子講：「專氣致柔，能嬰兒乎？」一個人如果內心特別簡單、單純，你就會發現他呼出的氣息都是香的，沒什麼異味；而一個心事重重的人，老是費盡心機，老是生悶氣、焦慮，導致消化不好，他的口氣就不好，年紀輕輕的，皮膚散發的味道、口裡散發的味道都不好，這個人就很難回歸赤子狀態。

有時候你會發現，有些年紀大的人保養得很好，皮膚很好，沒有什麼頸紋，口氣也比較清新，沒什麼異味。那麼他可能真的就是有赤子之心，沒有什麼煩惱，或者煩惱不在心裡堆積。

我們生活的這個紛繁世界裡，誰沒有一些煩惱呢？有的人還真的沒有。

第30堂
如何開發自身未知的優勢

在探索自我的過程中，你會得到樂趣，你會突然有一種大澈大悟的感覺，這種樂趣可能要遠遠高於你在世俗中能夠得到的一切物質上的樂趣。

一個人的潛能可以是無限的。

有一個模型，就是孩子剛出生的時候，像一個從蛋裡孵化出的生命。作家海明威有名言：「雞蛋，從外打破是食物，從內打破是生命。」從這句話裡，我們可以體會出孵化的過程有多重要。

內在小孩孵化的過程

把內在小孩形成的過程比作孵化，一方面可以讓我們更好地理解上文所說的母親環境的重要性，另一方面也可以讓我們想像生命的神奇和無限的潛力。就像一個蛋，它原本只是一團蛋白質，可是經過孵化，這團蛋白質可以變出一個完整的生命，變出肢體、羽毛、嘴巴、五臟六腑、神經系統等。

內在小孩的孵化也同樣神奇，同樣潛力無窮。嬰兒在從母體出來之後的第一個月裡，雖然實際上身體出來了，但是精神上還處在自我世界裡，而且外在的世界對他而言是未知的、特別可怕的，所以他的注意力是指向內的。只有當嬰兒開始和外界建立連結的時候，他的注意力才會逐漸向外轉移。

通常稍大一點的嬰兒會玩躲貓貓了，他把自己的眼睛捂起來時，其實只是他看不見別人，但他內心的感受是「這樣別人就看不見我了」，這是一個向內的過程。

向內的過程，有一個很重要的指向，就是他只注重自己的內在體驗。在逐漸成長的過程中，如果能夠聞到、聽到、看到、摸到的時候，我們對這個世界的興趣就會越來越大，繼而就參與到對世界充滿好奇的探索中。一個人的自我潛能往往存在於對外界和自然的探索中。

榮格提出自我探索過程的三階段

精神分析大師榮格（Carl Gustav Jung）把這個探索過程分成三個階段。

第一階段：零歲至十五歲。在這個階段，孩子對外探索的內容主要是「媽媽怎麼樣」、「媽媽在哪裡」、「媽媽幫我煮飯」、「媽媽煮飯好不好吃」、「媽媽給我講故事」、「媽媽給我洗澡，媽媽陪我睡覺」……**他對外的注意力主要存在於母子關係中。**

第二階段，十五歲至三十五歲。在這個階段，他的注意力主要在於玩伴、人際關係。「我的朋友在哪」、「我今天要找小明玩」、「我明天要找小強玩」、「同學約我去玩」……總而言之，就是**樂此不疲地找同伴玩。**

不管時代怎麼變，個人興趣基本上不會變，他的興趣在這個階段會逐漸轉向社會關係，轉向同儕。當然，社會對他的要求也越來越多，譬如，學業成績要好，參加鋼琴比賽要拿獎，出國留學，結婚生子等等。人生在這個階段的注意力指向、表現潛能的方式都指向一個方向，就是外在的方向，譬如你能不能跑得更快，你能不能賺更多的錢。

第三階段，三十五歲以後。到了三十五歲以後，按照榮格的說法，人的興趣和注意力開始轉移，他會對自然界更加感興趣，**對人際關係的興趣就轉向了對自然的興趣**。他會去旅行，他經常一個人待著，更喜歡看星星，去看極光，不顧一切地要去西藏，要看看雪山，甚至要去登一下喜馬拉雅山。

我們在社群裡會看到這些人貼文都是一些照片或者發表的一些感歎，好像都跟人沒有什麼關係，都跟心有關係，內心特別寧靜；看到雪山、爬到頂峰，他感歎更多的是對大自然的敬畏，是對內心真正渴求的解讀。這時候，他就有了一個新的轉向，就是把向外的注意力又轉而向內了。

這個時期把注意力由外界轉向內在的時刻，就是我們之前談到的恢復赤子之心的時刻。

自性化的過程：向內探索

榮格為三十五歲以後的向內探索稱為「自性化」，就是他對紛繁、紛擾的事情不感興趣了，轉而對大自然、對某種神秘現象、對自己的身體感受、對自己內心某種靈光一現的感覺和想法特別感興趣。所以，這種人常常不是去旅行，就是做冥想、打坐，或者做一些高難度的瑜伽，在一些極度的痛苦之中找到另外一種自我等等。這種情況就說明這種潛能的方向改變了。

以前，我們對潛能的看法是「你能不能做出這道題目」、「你能不能賺到更多的錢」、「你能不能搞定某一個人」，好像有的人的潛能就在於人際關係，有的人的潛能就在於解數學題。但是所有這些能夠具體化的東西都屬於形而下；我們會覺得形而上的潛能可能才是最大的，也就是一個人不一樣的眼界。

舉個例子，公司裡來了兩個新同事，都是年輕的女孩，其中一個長得很漂亮，每天穿的衣服也很精緻，買的包都是名牌，一年有兩次旅行，社群的貼文都是美麗的風景和精緻的衣服、食物。

有一次她在酒會上喝醉了，邊哭邊說了真話，說她把父母給她買房的頭期款花完了，現在她覺得在大城市過不下去了，要辭職回老家了。不久後，就傳來消息，她結婚生子，買了房子，留在父母身邊。

另外一個同事長得很普通，穿著也很樸素，經常加班，工作非常努力。一年後她也辭職了，她對主管說：「我覺得自己內心還有一個出國的夢想，還有學歷上的夢想，所以我準備用這一年存的錢繼續深造。」

你可以看到，在同一起點的兩個人，因為眼界不同，走的路也天差地別。

自我探索的樂趣

到底是退一步好，還是進一步好，這正是大多數人的人生困惑。退一步可能因為結婚生孩子失去發展機會，進一步又可能因為學業而錯過很多婚戀機會。所以，我們可以看到非常多的人害怕向前探索，他們對於不確定性的恐懼和焦慮，超過了他們對探索自己潛能的願望。

他們的思維邏輯是「群鳥在林不如一鳥在手」。他們認為，探索不一定得到什麼好處，還是先把握當下來得踏實。但是，我告訴大家，人的潛能是無可限量的，你探索自我的過程也是無可限量的。**在探索自我的過程中，你會得到樂趣，你會突然有一種大澈大悟的感覺，這種樂趣可能要遠遠高於你在世俗中能夠得到的一切物質上的樂趣。**

當你對某個事物、對自然、對周圍的環境有一種融合的感覺時，可能你就在某一方面大澈大悟了。

對自己潛能的探索有兩個方向——向內的方向和向外的方向。有的人僅僅向外探索，也可以找到很多樂趣，學學拉丁舞，打打麻將，出去旅行，打打太極，跳跳舞，也可以讓他得到很大的樂趣。

一個六十多歲的女性個案突然發現自己可以唱花腔女高音，這種才能是世界上少有的。她在我的諮商室中唱了一首〈冰冷的小手〉（Che gelida manina，歌劇名作《波西米亞人》的歌曲），真的是天籟之音。她說：「自從我開始唱歌劇，沒有其他歌曲能夠入我的法眼。」她唱歌的時候整個氣場都變了，她的潛能被挖掘出來了。但是我告訴大家，這個潛能也是向外的一種探索。

如果你找到一條自我探索的途徑，這種潛能能讓你產生對人世的新看法，影響你對整個宇宙和對自己的看法，這個樂趣是無法言語的。

第31堂

如何與更好的自己融為一體

人的身體能量和心理能量確實是雙向流動的。所以，當身體向我們傳遞訊息時，我們當然就要去理解，並且對這個訊息做出積極回應。

如何與更好的自己融合成一體？融合成一體實際上是整合的意思。所以，一個人要整合的話，要做到以下幾點。

第一，明白自己身體發出的信號。

有的人老是頭疼，有的人老是胃疼，有的人老是得皮膚病。現在醫療條件好了，大家一旦發現身體出現不正常狀況就會去醫院。其實，我們的身體出現狀況，並非一定就是有了生理疾病。

內在小孩的養成，源自出生後最早期的記憶，那個時候我們還不具有語言能力。於是就靠身體記錄我們最深的和最原初的記憶。所以說身體的反應，既是帶有某種意義的，也是帶有某種能量的。

有一個人患有香港腳多年，怎麼都治不好。他發現自己有個習慣，就是一緊張就會抓腳。很多年以後，突然有一天，他明白了，這其實跟他父親有關係。他早期被父親排斥，甚至被拋棄，父親很早就離開他和媽媽並和別人重組了家庭，他小時候一直非常渴望被父親看見。直到五十歲以後，他才把持續多年的症狀和他父親的關係連結起來，結果腳上的病徵痊癒消失了。

這個例子告訴我們，要去瞭解身體以及理解身體傳遞的訊息。

有一位心理學家，他的父親在五十歲的時候死於腎癌，那時候這位心理學家大概二十多歲。在他五十歲那年，有一次出去玩的時候忽然夢見了父親，他已經很多年沒有夢見父親了。於是他就趕快去醫院做了身體檢查，為什麼夢到父親就要去做身體檢查？

因為他很多年沒有夢見父親，而他父親是得腎癌而死的。他作為心理學家，對身心信號有所瞭解，所以他抓住了這個信號。這次檢查果然發現他的腎臟存在早期病變。所以你可以看到他透過一個夢就聯想到了自己的身體可能出了狀況。因為他父親也是在五十歲的時候身體出了問題，所以他到了五十歲的時候潛意識是警覺的。

我們透過這兩個例子可以瞭解到，當人的身體出現病變的時候，身體也會發出信號給大腦，用夢的形式將這個身體信號傳遞出去。**可見人的身體能量和心理能量確實是雙向流動的。**所以，當身體向我們傳遞訊息時，我們當然就要去理解，並且對這個訊息做出積極回應。

所以整合，第一個就是要理解自己的身體，通過一些按摩、足療等被動的活動，或者打坐、冥想等這一類的主動活動，又或者一些健身鍛煉，呵護身體，探索身體，這是整合的前提，非常重要。

第二，拋開現實的價值觀。

很多人的注意力集中在現實之中，也就是說，基本上他只在意買了多少間房子，賺了多少錢，換了哪一款的車子，自己升官了嗎等等。他非常在意自己的現實，並且在現實中和他人比較。一個人的自我整合需要和自己或者和內在的自己進行對話。和內在的自己對話這件事，其實和你的金錢、社會地位、現實狀況等關係不是特別大。

我們也可以看到，有的人學術很厲害，可能也有很多賺錢的機會，但是他完全不感興趣，他感興趣的是讀書、冥想、和大自然對話等。你會覺得他是「仙人」，在他身上感覺不到世俗的味道，這種人很難得。

第三，學習內在探索。

我們有時候到山裡去，發現有些人是受了創傷而跑去療傷的。因為創傷躲進深山當然可以理解，因為在遭受創傷後，現實對他來說太殘酷了，所以他向內去探索；也有的人覺得他在現實中得到的已經足夠了，改變他的興趣向自己內部探索。然後去和自己的內在對話，這是蠻有意思的。

第四，學習冥想。

這種辦法簡單易行，你可以每天空出半小時到一小時的時間，找一個安靜、溫度適宜、不受打擾的地方，用自己最舒適的姿勢靜靜地坐下就可以練習了。當你逐漸習慣了這個過程之後，你會感覺到還有另外一個你，他是屬於內在的，可能跟大自然有特別多的連結，可能和宇宙也有很多連結，可能他在你的心中早就存在，可能他就是你的內在小孩，所以你可以聽到來自內心的召喚。不過，在剛開始練習冥想時最好尋找專業指導。

可能整合到最後，我們要戰勝和要理解的是一個內在的自己。到底你是一個什麼樣的人？你有什麼樣的經歷？這些過往的經歷對你有什麼影響？你還有哪些潛能沒被挖掘出來？是不是在你的潛意識中還存在沒有被發現的創造力？

第五，要注意夢傳遞的訊息。

如果一個人對自己感興趣，他有什麼辦法能進入自己的內心呢？第一個是要關注自己的身體，第二個是關注過往的經歷，這些經歷可能會影響他一輩子，第三個是關注內在的自己，透過冥想等的引介理解另一個自己，第四個就是關注自己的夢。

夢是一筆財富。我們可以簡單地認為我們有兩個大腦，一個大腦是白天工作的，另一個大腦是晚上工作的。晚上工作的大腦原型就是夢的語言。所以我們如果能記住一個夢，就會覺得對它非常不熟悉，因為它的語言體系和我們正常情況下的完全不一樣。

可是如果你經常做夢、記錄夢、分析夢，就會逐漸明白，其實它的語言是有規律的，是你可以理解的。所以記錄、分析、孵化、重視自己的夢，就不會錯過你自己特有的財富。

第六，為自己尋找良師益友。

一般來說，我們的鏡子是父母，有的時候父母是面好的鏡子，能夠照出一個好的自己，就像艾瑞克森（Erik H Erikson）所說：「孩子在父母注視自己的喜悅的眼光中看到自己」。如果你的父母不是面好的鏡子，你就需要在你的生活中去找這樣的一個人：這個人能夠陪著你，能夠理解你，能夠懂你。如果你在人生中有這樣的運氣，遇到了這種朋友的話，你就不要錯過，他可能就會變成你終生的陪伴和指引。

要達到一個人的自我整合，需要的可能不只一個因素。如某些天賦異稟的哲學家、數學家、物理學家，不需要跟這個世界、跟人打交道也能夠完成自我整合，但是我們大部分人只有在跟人接觸的過程中，在和別人的互相投射和映照中，才能逐漸認識自己，達成內外統一。

當然，選擇和什麼樣的人在一起非常重要，這一點也是要特別注意的。

提升自我價值感

一個完成自我整合的人是趨於完美的，是自信的，他對自我的接納程度，對世界友好和信任的態度，以及他的獨立人格，都是超乎常人的。你可以看到，一個人自我整合的程度跟他的物質條件幾乎一點關係都沒有，它只和自我價值感有關係。

完成了自我整合之後，我們對失去重要的人、重要的事物，都會有更大的承受能力，我們有能力去哀悼他們。譬如：父母的去世、孩子長大了要離開我們，又或者是一段好的關係的破裂或喪失。這些悲傷的事情對於一個完成自我的人來說，就沒有那麼難以忍受。他看透自然規律，能夠和過去告別，能夠把一些人和事內化到自己內心中。

提問 **可是我已經長大了，早就不再是三歲的孩子，是不是一切都無法挽回了？**

英國精神分析師、兒科醫生溫妮考特（D. W. Winnicott.）提到，孩子會因為和母親的分離產生極大的焦慮，但是母親的回歸能夠瞬間治療孩子因喪失母親而產生的焦慮。

所以你可以看到，一個孩子看到媽媽出門走了會哇哇大哭，哭完了還會一個人悶悶不樂。這個孩子可能還不懂得媽媽是出去上班，或者只是有事短暫離開，而覺得媽媽是拋棄自己了。可是等媽媽回來的那一刻，他還是張開小手撲過去，變得很高興，而且一副心滿意足的樣子。

我曾經看過一個案例，她出去打拼的時候孩子還很小，等她發覺孩子有問題的時候，這個孩子已經十八歲了，身高有一百九十公分。她決定陪孩子睡。她去買了個超大尺寸的席夢思床墊，這個十八歲的孩子看到媽媽回來，高興得像個小孩，在席夢思床上跳啊跳啊，這個媽媽驚呆了。你看，一百九十公分的孩子，已經十八歲了，因為媽媽要陪伴他，就高興成這個樣子。

我要說的是，**母親的回歸，任何時候都不算晚**。大家可以去看一部印度的電影「漫漫回家路」（Lion）。劇情敘述：一個孩子的媽媽很窮，家裡有個哥哥，有個妹妹。這個孩子五六歲的時候被火車載到十六公里以外的地方，從印度到了孟加拉，和家人失散了。後來這個孩子被一對澳大利亞夫婦領養。二十五年以後，他從網上搜到了他出生的村子，然後回去找到自己的媽媽。在找到媽媽的那一刻，這部電影達到了高潮。不管養母條件多麼優越，他始終記著童年的時候，家庭雖然很貧困，但是有對他非常掛念和照顧的母親。這份母愛算起來也失去了二十五年，雖然領養家庭的媽媽也照顧了他二十五年，可是他還是選擇回到了親生媽媽的懷抱。母愛的回歸，任何時候都不嫌晚的。

結語

提高對內在小孩、對內在世界的識別能力

我們可以看到，一個人的內在小孩，特別是有創傷的內在小孩，會對一個人的一生和人生的方方面面造成極大的影響，甚至可以說一個人的內在小孩決定了他的命運。

或許看到這裡你會有疑問，怎樣才能療癒有創傷的內在小孩呢？實際上在心理治療中，療癒是透過幾種方式進行的。

第一種方式，**就是直接解決問題**。一個人要自殺了，你當然要阻止他自殺，一定不要讓他自殺，這是直接解決問題；**第二種方式**，**就是管理問題**。一個內在小孩老是哭哭啼啼，跟人撒嬌，甚至自殘，是因為他內心有訴求，但是他一時半

刻也解決不了，所以要管理這個問題。

我們也講了很多療癒內在小孩的辦法，譬如，身體治療、表達治療、識別關係，但是最重要的還是大家在瞭解了內在小孩概念以後，提高對內在小孩、對內在世界的識別能力。

我們療癒自己最重要的方式就是了解自己、理解自己、理解某種關係，這才是最大的療癒。有一些事情我們理解以後就不會那麼害怕。

舉個例子，你在飛機上，飛機突然顛簸了一下，你感到非常害怕，後來你知道只是因為碰到了高空氣流，飛機才會顛簸，你就不那麼害怕了，這是因為你瞭解了它。對於種種心理現象也是這樣，對於內在小孩也是這樣，從不瞭解到瞭解，你能變得更從容。

這個認識過程本來就是最徹底的療癒過程。每個人都是在自己的內在小孩的成長過程中，不斷地調整自己，發展新的關係，開拓新的領域。一個關係，如果僅停留在過去，那就是一個重複的關係。如果重複的是一種創傷，就會讓人一直受創下去。可是如果這個關係在發展過程中，開始產生新的領悟和體驗，那麼這個關係就變成了你的養分。

祝願大家能夠擁有一個健康的內在小孩，識別自己曾經有過的創傷，並透過療癒創傷獲得新的生活經驗和新的領悟，帶著健康的內在小孩踏上更加美好的人生之旅。

self-help S 12

療癒你的內在小孩

心理醫師陪你跟自己和解的成長課

作　　者｜施琪嘉
封面設計｜謝佳穎
內文排版｜葉若蒂
責任編輯｜黃文慧
特約編輯｜劉佳玲

出　　版｜境好出版事業有限公司
總 編 輯｜黃文慧
副總編輯｜鍾宜君
行銷企畫｜胡雯琳

地　　址｜104 台北市中山區復興北路 38 號 7F 之 2
網　　址｜https://www.facebook.com/JinghaoBOOK
電子信箱｜JingHao@jinghaobook.com.tw
電　　話｜（02）2516-6892
傳　　真｜（02）2516-6891

發　　行｜采實文化事業股份有限公司
地　　址｜104 台北市中山區南京東路二段 95 號 9 樓
電　　話｜（02）2511-9798
傳　　真｜（02）2571-3298

法律顧問｜第一國際法律事務所 余淑杏律師

定　　價｜380 元
初版一刷｜2023 年 1 月
ISBN ｜ 978-626-7087-85-5
EISBN (PDF) ｜ 978-626-7087-84-8
EISBN (EPUB) ｜ 978-626-7087-83-1

國家圖書館出版品預行編目 (CIP) 資料
療癒你的內在小孩：心理醫師陪你跟自己和解的成長課 / 施琪嘉著 . --
初版 . -- 臺北市：境好出版事業有限公司 , 2023.01　面；　公分 --(self-help:12)
ISBN 978-626-7087-85-5(平裝)
1.CST: 精神分析治療法　2.CST: 自我肯定
3.CST: 生活指導
178.5　　111020437